メディア、カルト、人権、経済

現代ニッポンの大問題

阿部 浩己
鈴木 エイト
東郷 賢
永田 浩三

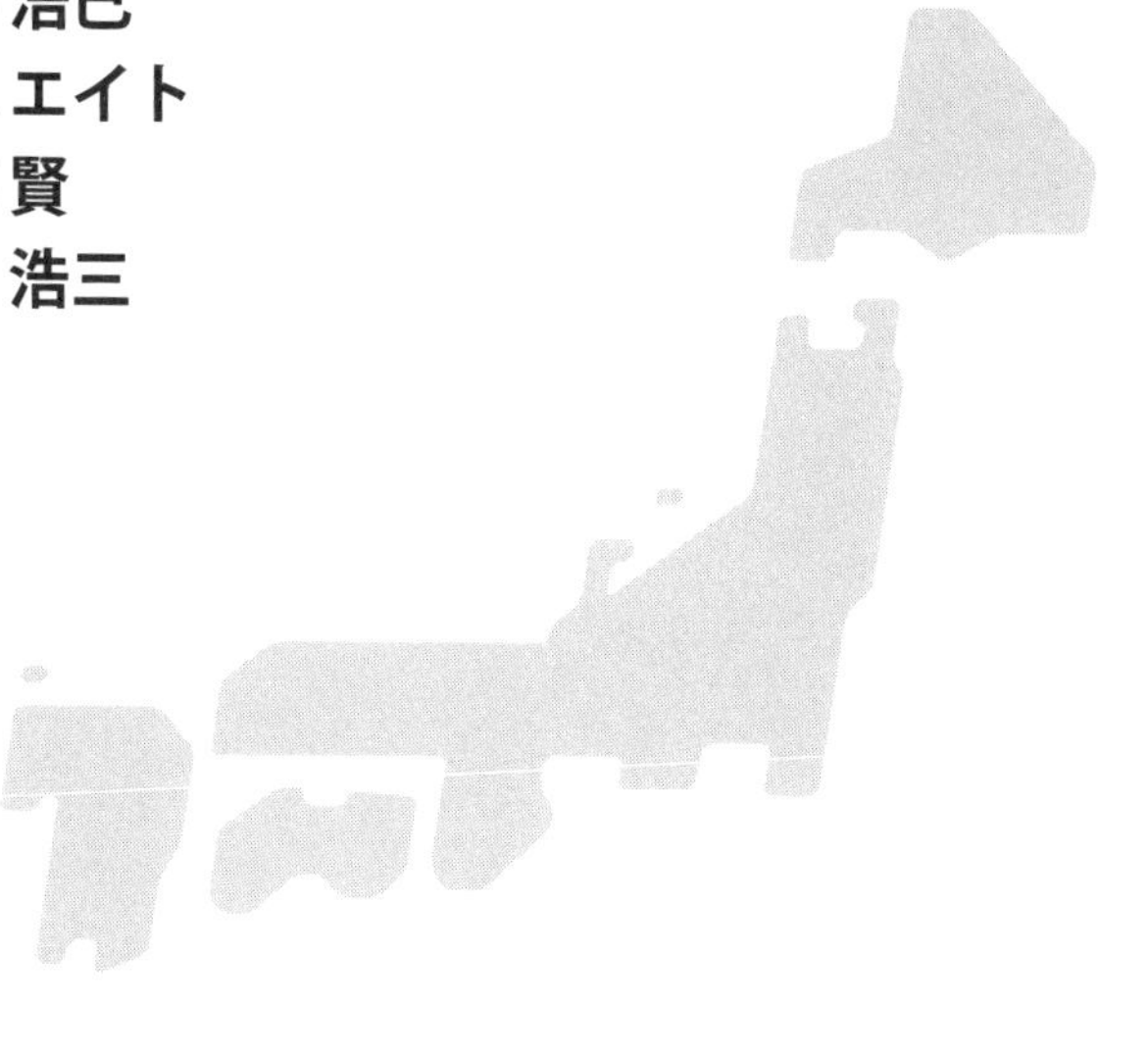

まえがき

東郷　賢

　本書は２０２３年９月16日から４回にわたって開催された、武蔵大学主催の「第76回公開講座：現代ニッポンの大問題」の講演内容をまとめたものです。第１回目は「テレビメディアが危ない～市民のためのジャーナリズムを求めて～」というタイトルで、元ＮＨＫディレクター・プロデューサー、現在は武蔵大学教授を務められている永田浩三氏、第２回目は「カルトの政界工作～メディアの責任を問う～」と題し、ジャーナリストの鈴木エイト氏、第３回目は「人権の不在　出入国管理の闇」と題し、明治学院大学教授の阿部浩己氏、そして第４回目は「羅針盤なき経済政策」というタイトルで私、武蔵大学教授の東郷賢が講演を行いました。

　今回の公開講座は私が企画し、当該分野の第一人者である講演者の方々にお願いを申し上げ、実現しました。なぜ、このような公開講座を企画したかと言えば、私は現在の日本の状況に大変な危機感を抱いているからです。私は１９６１年生まれなので、高度成長も、バブルも、その後の長期停滞も経験していますが、現在の日本は私が見てきた「ニッポン」の化けの皮がはがれることで、今まで隠蔽されてきた負の遺産が明らかになるとともに、長年蓄積してきた政府の「驕り」により国民が圧迫死しそうな状況に思えます。

具体的には、TVや新聞などのマスメディアが政府に忖度し、真に国民が必要とする情報を提供していないため、国民は何が生じているのかがよく分からない。元首相が暗殺されるという悲惨な事件によって明らかになった、政治家と統一教会との関係もマスメディアの追及が甘く、政治家は逃げの姿勢に入り、いまだ全容が明らかにされていない。ウィシュマさんの死により明らかになった入国管理や難民審査の問題点は改善されることなく、「入管法改正案」が2023年6月に参議院本会議で賛成多数で可決成立してしまった。日本において、「人権」はどこに行ったのでしょうか？　かつて、日本の総理大臣が「人の命は地球よりも重い」と語りましたが、現在の日本において人の命は枯葉のごとく軽いものになってしまったのでしょうか？　また、かつて称賛された日本経済は、四半世紀以上も停滞し、アジアの中でもシンガポール、台湾、韓国に実質一人当たり所得で抜かれてしまった。今や国民負担率は50％近くに及び、江戸時代の「五公五民」と同じ有様です。しかしながら、政府はさらなる増税を試みているようです。なぜ、このような状態が放置されつづけるのか？

いま、ここで我々市民が覚醒し、自ら情報を集め、自ら考え、世の中を良くしていく方向に行動を起こさなければ、「ニッポン」はさらに深みにはまり、悲惨な状況になっていくと思います。

幸いにも、同じ考えをもつ市民の方が大勢いらっしゃるとみえ、公開講座のアナウンスをした2週間後までに当初の定員250名に対し、248名の申し込みがありました。これは、武蔵大学公開講座史上、最短で最多の申し込みでした。そこで、定員を272名まで増やして開催しました。

公開講座の聴衆の方々からは、おしなべて好意的な評価を得て、なかには「今回みたいな政治に切り込んだような公開講座をこれからもっとやってほしいです」、「こんなにざっくばらんに日本のメディア、社会、政治家のことを講義してもらえて、とても良かったです」との声もいただきました。紙幅の関係で講演の内容すべてを本書に収録できたわけではないですが、読んでいただいた方々にも同じ感想を持っていただけるようであれば、企画者としては幸甚です。様々な理由で、公開講座に参加できなかった方にも、講演の内容を知っていただきたく、本書を企画しました。ぜひ、一人でも多くの皆さんに読んでいただきたいと思います。

『現代ニッポンの大問題』●目次

第1章

テレビメディアが危ない
市民のためのジャーナリズムを求めて

永田 浩三

はじめに

私は2009年から武蔵大学社会学部のメディア社会学科の教員をしております。せっかく来ていただいたので、上品なだけでは良くないと思い、お越しくださった方々がメディアについて心を痛めておられることについて、ざっくばらんにお話したいと思います。あっち飛びこっち飛びになりますが、どうぞよろしくお願いいたします。

私は1954年に生まれました。大阪で育ち、仙台の国立大学を卒業してNHKに入りました。主にドキュメンタリー情報、教養番組を作ってきました。皆さんご存知の番組では「クローズアップ現代」（「クロ現」）や「NHKスペシャル」などをプロデューサーとして担当しました。

「クロ現」は今も続いていますけれども、国谷裕子さんという稀代の名キャスターが23年続けて担当されていて、23年のうちの8年は、私がプロデューサーや統括の編責をしておりました。その後、私は衛星ハイビジョン（今のBSプレミアム）の編集長を務めました。ひとつの放送の「波」のラインナップの計画を作り、お金や人を動かし、大型の企画を実現させる立場でした。カンヌ映画祭で河瀬直美監督「殯《もがり》の森」がグランプリを受賞した時のお手伝いをした

自己紹介

1954年大阪生まれ　仙台の大学卒業後　NHKへ
主にドキュメンタリー、教養・情報番組を制作
クローズアップ現代、NHKスペシャル
衛星ハイビジョンの編集長
評伝・教科書・人権　アーカイブ
2009年から、武蔵大学社会学部メディア社会学科の教授
学生たちとドキュメンタリーの歴史や制作を学ぶ映画の制作
自身でドキュメンタリー映画　『森口豁　沖縄と生きる』
『闇に消されてなるものか　写真家・樋口健二の世界』
・プロデューサーとして『60万回のトライ』

り、セカチュウ（「世界の中心で愛をさけぶ」）で有名な作家の片山恭一さん原作の大型ドラマを実現させたりしました。

私は、NHKの現役時代から、日本のドキュメンタリーの地平を切り開いたディレクター・工藤敏樹さんの評伝や、伝説のカメラマン・新沼隆朗さんの評伝をまとめたりしました。放送の世界で生きる人たちの業績をまとめて、世に出すことが好きでした。今はNHKとあまり折り合いが良くないですが、NHKのディレクターはかくあるべしという研修用の教科書を担当していたことがあります。その頃はNHKのなかで、ものすごく優等生だったと思います（笑）。

こんなこともありました。昭和天皇が亡くなった早朝、自宅に電話がかかってきました。「君一人で100分あげるから、昭和史をまとめたドキュメンタリーを作ってほしい」と。当時、昭和天皇が亡くなることを想定したXデイプロジェクトが作った素材は用意されていました。私はそれとはまったく関係がなかったのですが、二晩徹夜して完成させました。NHKのアーカイブから、沖縄の米軍基地から北ベトナムに爆撃を行ったことなど、戦後の日本も戦争に深く関わったことを伝えました。チェックは部長だけで、そのまま放送に流れました。それぐらい信用がありました。その時の部長は萩野靖乃さん。のちに武蔵大学の客員教授を務められました。萩野さんが亡くなった時、仲間とともに『テレビも私も若かった』（武蔵野書房、2013年）という本を、私が中心となってまとめました。

NHK時代の最後の仕事はアーカイブの活性化です。埼玉県川口市のNHKアーカイブスの倉庫に眠っている過去の番組を、ほこりをフッ、フツっと掃って権利処理をし、もう一度世の中にお披露目し、上映会を行って光を当てようとしました。受信料をいただいて作った番組なので、それをもう一回観られるようにする。観るのは全部タダにしたいと私は願っていました。でも法律の壁は大きく、できませんでした。当時、どぶろく特区とか、地方自治体の中でゲリラ的なことが始まってましたから、川口だけ「特区」を作り、そこだけ特別ということを思い描いたりしましたが、力及ばずでした。そもそも番組は受信料で作った財産ですから、権利をきちっと処理さえすれば全部観られる。観たいものが、もう一度観られる、そんな世の中が来てほしいと思ったのです。

沖縄・辺野古にて　森口豁さんと

写真家・樋口健二さん『闇に消されてなるものか』

２００９年からは、武蔵大学で教員の仕事をするようになりました。早いもので14年になります。学生たちとドキュメンタリーの歴史を教え、制作を実際にやってみたり、私自身がドキュメンタリー映画を作ったりしています。沖縄の問題を琉球新報記者や、日本テレビのディレクターとして本土に伝え続けた森口豁さんの人生を描いた「森口豁　沖縄と生きる」、原子力発電所の炉心部で働く労働者の実態を始めて撮影した樋口健二さんの人生をたどる「闇に消されてなるものか　写真家・樋口健二の世界」を撮影・監督しました。

また、大阪の朝鮮高校のラグビー部のドキュメンタリー「60万回のトライ」を共同プロデューサーとして制作したこともあります。この映画は、大阪朝鮮高校ラグビー部を記録したものです。朝鮮高校は高校無償化や補助金の対象から外され差別を受けています。今ちょうどラグビーの国際試合が続いてますけれども、日本のチームの中で、いろんな国からの選手が頑張ってます。在日韓国・朝鮮人の選手も外されることはありません。ラグビーでは、どの国の出身だろうが関係なく日本のチームということで、選手同士も観客もまたリスペクトし合い、活躍に拍手を送る。こうでなくてはいけないと思うのです。

1　メディアと世界

かつてテレビの改革を目指した萩元晴彦氏は「テレビよ、お

お前はただの現在に過ぎないだけなのか？

かつてテレビの改革を目指した萩元晴彦氏は「テレビよ、おまえはただの現在にすぎない」と言った。

ほんとうにそうなのか。

われわれは、現在と過去のイメージの往復のなかで生きている。テレビもまたそうではないだろうか。

まえはただの現在にすぎない」と言いました。テレビのことを語る時には、必ずこの言葉が出てきます。たしかに、そうかもしれません。生放送だけでなく、とにかく底が浅くて歴史性からして極めて遠い。知的でないちょっとお粗末なメディアがテレビなんだ、というように言われ続けてきました。

「お前はただの現在に過ぎない」。でも本当にそうなのでしょうか。違うのではないか。我々は現在と過去のイメージの往復の中で生きているわけです。今こうやってお話しして向き合っていても、皆さん方の心の中、私の心の中には過去が突然蘇ったりみたいなことで、普段生きているテレビもまたそうではないかな、と思うのです。

ウクライナの戦争は2年目に入りました。先日、ワグネルのリーダーのプリゴジンが反乱を起こして、どうなるんだろうと思っていたら、あっけなく殺されてしまうということが起きました。写真で見ると、すごい悪い奴みたいに映っており、残虐な殺し屋などと言われましたが、実際どういう人なのかさっぱりわからないのです。プリゴジンとはどんな人だったのか、そもそもワグネルとは何だったのか、もっとちゃんと知りたいです。

アフリカを舞台にしてのワグネル。資源をめぐる利権、それを得るための巨大な暴力装置としてどのように機能しているのか。今、ウクライナを舞台にした戦争がロシアにとって若干不利になりつつあるなかで、ワグネルは今後どうなっていくのか分からないことだらけです。しかしテレビはちゃんと伝えてくれません。

このプリゴジンの暗殺をめぐって、連想する人がいます。アンナ・ポリトコフスカヤです。ノーベル平和賞を取った「ノーヴァヤ・ガゼータ」（日本語で「新しい新聞」）のムラートフ編長がいましたけれども、彼のもとで記者として活躍したアンナ・ポリトコフスカヤ。彼女は実はプーチンの手で殺されたと言われていますけれども、本当の証拠はまだわからないです。私は1989年、「ノーヴァヤ・ガゼータ」の前身である「アガニョーク」の記者たちと一緒に仕事をしたことがあります。みんな圧力に屈しない気骨のあるジャーナリストたちです。

彼女の住んでいたアパートのエレベーターのところで銃撃を受けて死んだのですけれども、本当のことはわからない。アンナ・ポリトコフスカヤの業績を一番評価し、本を出し続けたのはNHK出版です。『チェチェン　やめられない戦争』（2004年）という本で、チェチェン紛争というものが、プーチンによる嘘と謀略の中で2回も続けられたのかを彼女は暴き、そして命を奪われました。

今回、ポリトコブスカヤの後輩の女性記者が殺されそうになったのですが、世の中では騒がれていません。世界全体でどれほど多くのジャーナリストが殺されているか。

有名なのは、サウジアラビアの暗黒政府を暴くために、カッショビーとハハショギという記者が、サウジアラビアの皇太子によってイスタンブールのサウジアラビア大使館の中でバラバラにされて殺されました。犯行にはサウジの皇太子が関わっているといわれます。

岸田さんはこの前、この皇太子とにこやかに握手していました。なぜこういうジャーナリスト殺害が取りざたされる人とニコニコ握手できるのか、私は不満です。昔、安倍晋三首相が、私の友人の後藤健二さんというジャーナリストがISの人質になったばかりなのに、エジプトやイスラエルで、ISと戦うぞという勇ましいコメントを出して、あっけなく後藤さんは殺されてしまいました。日本のジャーナリストが人質になっている、その最中にああいうコメントを出すなんて。安倍さんのコメントが殺害の引き金を引いたかどうか分かりませんが、私はとても恨んでいます。

後藤健二さんが本格的にテレビで仕事をするようになったのは、私が編集長をしていた「ETV2000」という番組からです。当時シエラオネの内戦の取材をして帰国した後藤さんは、どのテレビ局に持ち込んでも採用を断られ、私のところにやってきました。私と西川啓ディレクターとで観させてもらったのですが、びっくりしました。内戦の傷あとがしっかり撮れていました。それ以来、中東での取材を中心に、池上彰さんの子どもニュースにも展開し、一躍テレビの人気者になっていかれました。亡くなられたことを本当に悲しく残念に思います。

少し話を変えます。２０２３年は原爆投下から78年。Ｇ７広島サミットが開かれ、ヒロシマが世界から注目を集めました。そうしたことを受けて、海外の原爆ドーム・広島原爆資料館には、連日世界の若者たちがたくさん訪れるようになりました。一方、長崎はどうでしょう。長崎には広島の原爆ドームのような建造物がきちんと残っていません。長崎の人たちと最近付き合いをさせていただく機会が増えましたが、建物はないけれど、言葉として継承していくということを一生懸命やっておられます。

長崎市長の平和宣言と、広島の市長の平和宣言を比べてみると、２０２３年は長崎市長の宣言はあまり良くなかったですけど、いつもは長崎市長の方がはるかに上です。それは長崎市長の平和宣言は市長本人だけが書いているのではないからです。１年かけて市民が一緒になって原稿を作っていくのです。最近、広島でも市民の声をということで、２０２３年は松井一實市長が市民のアイディアをもらいながら書いたようですけれども、長崎市はずっと頑張ってきたと思います。

ヒロシマ・ナガサキの悲劇を二度と繰り返してはならない。そんな中、ヒバクシャだけでなく世界を震撼させたのは、ロシア軍によってザポリージャ原発が攻撃されたことです。人類初の原発への攻撃。やはり原発は狙われたと、福島から憤りの声があがりました。事故から12年経っても避難生活せざるを得ない事態はまだ続いている。にもかかわらず世界でまた新たに被害に遭う人たちが生まれる。そんなことは断じて許してはならないです。

今、昔チョルノービリの原発についても、ロシア軍が様々支配しているという中で心配が続いています。本当に原発をきちっとコントロールできるのか、目が離せません。

さらにこんなことがあります。隣国ベラルーシに核ミサイル基地が作られ、核弾頭を搭載した戦闘機が配備される。1991年にベラルーシ、ウクライナ、カザフスタンが旧ソビエト連邦から独立します。この時、世界で　番核兵器を持っていたのはソ連、次がアメリカ、3番目はウクライナでした。3番目に核兵器を携えていたウクライナが独立をして、では核兵器はロシアに返しますよ、ということになったのです。その代わり、お互い戦争をしないようにしましょうね、というのがブダペスト覚書なわけです。

これはウクライナとだけ結んだ約束ではなくて、ベラルーシ、カザフスタンも結びました。

カザフスタンは、スターリン時代にアメリカに追いつけ追い越せと、セミパラチンスク周辺の砂漠で核実験が繰り返され、風下の住民たちが重大な被害を受けた場所です。

このカザフスタン、ウクライナ、ベラルーシには核兵器を置かないことを1991年以降続けてきたのです。今回その約束が反故にされたのです。もちろんロシアが悪いのですが、一方で、そこまで追い詰めたアメリカ、イギリスについても、責任を感じてもらわないといけないと思うのです。

核兵器が使われかねない危機について取り上げた番組があります。NHKのETV特集「市民と核兵器～ウクライナ　危機の中の対話～」です。これは1991年に核兵器をなくそうというスキームをアメリカと一緒に作った人とそのお孫さんが出てきて、今の危機について語っているという手の込んだ番組です。

ウクライナのキーウの公共放送の人たちがNHK大阪放送局に来て、公共放送についての研修を受けたことがあります。ウクライナは2017年、EUに加盟するための条件として、きちんとした公共放送を立ち上げ育てることが求められました。それまでの放送は、旧ソ連からの国営放送だけでした。公共放送においては、これまでもより多文化共生を意識した番組を作っていかなくてはならない。そのお手本を示し、現地に赴いて指導したのがNHKだったのです。私のNHK同期入社の仲間もそれに深くかかわりました。

そのお手本の一つは「バリバラ」という番組です。「生きづらさを抱えるすべてのマイノリティー」にとっての〝バリア〟をなくす、みんなのためのバリアフリー・バラエティーという番組です。ナレーションも、言葉に障害を持つ人が読む。寝たきりの方も番組に出演するということで、これは世界に冠たるバリアフリー番組なんです。こんなテーマの番組がありました。バリバラ「桜を見る会」、すごいでしょ。NHKですよ。司会者は「アブないぞう」さんと呼ばれています。頭にですね、アブをくっつけてるんですよ（笑）。安倍晋三さんではなくて、「アブないぞう」さんです。

この人、麻生太郎さんみたいな喋り方で、ゲストには伊藤詩織さんが出演されました。伊藤さんはテレビジャーナリストを志望されていましたが、不埒な元TBSの幹部記者の毒牙にかかりました。『総理』という安倍総理の本を出した山口敬之というTBSのワシントン支局長をした人です。

これは、とてもひどい事件でした。お酒を飲ましてその後ホテルに連れ込まれてレイプした。証拠は全部揃っていて、高輪警察署はもうアウトということで、裁判所から令状を取り、山口氏が成田空港に降り立って日本に入ってくるところで、二人の高輪署の警察官が張っていった時に携帯電話が鳴るのです。逮捕中止の電話をかけてきたのは警視庁の刑事部長の中村格《いたる》という人です。後に、この人は警察庁長官になります。

2022年7月8日に安倍晋三さんが銃弾を受けて、警備の不十分さの責任を問われて辞めましたが、全国警察官のトップを務めたのが中村格。総理の本を書いた記者を守るために逮捕をやめさせたのです。本当にひどいことです。

私はこのことの裏を取って本当だと思ったので、国会議事堂の前で演説をしたことがあります。勇気がいることでした。私も昔はテレビ局員でしたので、テレビ局員が自分のやった犯罪を総理の息のかかっている刑事部長にお願いをして、犯罪をもみ消してもらうとは何たることかということです。

そんなことをしたら、TBSは安倍政権にきついことは言えなくなります。もともと言えない状況はずっとあったけれども、ますます借りを作るということになります。メディアの側が権力に借りを作るということです。そんなことは断じてあってはいけないと思います。

心あるテレビの世界で頑張りたいと思っていた、そんな若き女性の人生を破壊するということは、同業者として許しがたい。だから私のリスクは置いておいて、世の中にこのことは伝えなければいけないと思って、国会前でいち早く声を上げたのです。その後、裁判においては彼の責任が認定されて良かったと思っています。

最近、NHKの「ハートネット」という番組が安田菜津紀さんをとりあげました。彼女はお父さんが韓国出身です。この安田さんのルーツをたどる旅のドキュメンタリーを作ったのが伊藤さんです。いろんな傷を乗り越えて、世間の中傷に負けないで、よく頑張っておられてうれしいですし、彼女を応援するＮＨＫのディレクターたちも素晴らしいと思います。

ところで、大和西大寺の２０２２年7月の安倍さんの銃撃事件から1週間後、私も現場に足を運びました。演説の場所は変なところだったです。駅の東口のガードレールで三角形に小さく囲われた内側に入って、ビール瓶ケースの上に乗り、選挙の応援演説を始めたところを撃たれたのです。

銃撃現場に居合わせ、決定的な瞬間をパシャッと撮ったのが毎日新聞の久保聡という記者です。その写真で去年の新聞協会賞を受賞しました。私は写真を読み解くという授業もやっているものですから、毎日新聞の新聞協会賞のコメントを求められて、私が大阪の毎日新聞大阪本社に出向き、この写真について語り、大きな記事になりました。

久保さんは、ものすごく心の優しい人なのです。一国の首相が息絶えていくという現場に居合わせて、シャッターを切っていいのかなとためらうんです。写真を撮っている時に、周りでこんな風に叫ばれたそうです。「写真なんか撮ってないで助けろよ」と。でも助けられませんよ。だから写真を撮ることこそに私は意味があったと思います。

コメントを求められた時に、私が引き合いに出したのは南スーダンの飢餓地帯のアヨドの写真です。内戦でたくさんの人が死んでいくなかで、女の子ひとりがうずくまっていて、向こうにハゲタカが女の子を狙っている。この写真で、写真家のケビン・カーターはピュリッツァー賞を受賞しました。この後、写真を撮ったケビン・カーターは、誹謗中傷と薬物依存症によって自殺をします。カメラマンはみんな人間なのです。その中で、一枚一枚の写真が歴史を刻んでいく。それを人々が共有し、時代の記憶となる。メディアは歴史の記録者だと思います。

2　ＮＨＫと私

私が避けて通れないことをお話しします。２０００年12月です。九段会館で「女性国際戦犯法廷」という民間法廷の話の試みが開かれました。第二次世界大戦、アジア・太平洋戦争の時に、植民地であった主に朝鮮半島の女性たちのみならず、戦場になったたくさんの地域の女性たちが拉致・監禁されて日本軍の慰安婦として働かされました。性の対象として、ほとんど奴隷状態におかれて働かされました。年齢は十代前半の人も多く、人生もからだを心を破壊されるような体験をしました。文書がない、証拠がないという批判がありますが、そんなことはありません。

インドネシアなどでは、きちっと慰安所の経営がどうであったのか、女性たちがどんな扱いにあったのかは、公文書として残っていて、一部ＢＣ級戦犯裁判で裁かれたりもしています。ただし、戦後すぐ多くのの文書は内務省等の中庭で焼かれてしまい、日本政府も長い間知らぬ存ぜぬが続いたのです。

その中で１９９３年、当時内閣官房長官だった河野洋平さんが、たしかにこの慰安婦の問題については、軍や政府が深く関与した責任を明言し、この問題は二度と繰り返されることのないように、末永く教育や研究を通じて語り伝えていくということを、談話という形で発表しました。談話というのは茶飲み話ではなく、世界への公約として述べたのです。

それから30年経ちましたけれども、日本政府は何ら見解を変えていません。ここは大変重要なことです。ただし、安倍さんや菅さんとか、いくつかの総理大臣経験者が、河野談話は違うと様々な場で語っていることは事実ですが、政府としての見解は揺らいでいません。

この慰安婦問題の責任を国際法の専門家が一堂に会し、市民法廷を開いた意味を問う番組を作ろうとしたわけですが、放送前から右翼政治家、様々な人たちが騒ぎ、場外乱闘になりました。

慰安婦問題が広く知られるようになったのは、１９９１年、金学順《キムハクスン》さんが日本軍の慰安婦だったと実名で名乗り出たのが始まりです。それを受けて２年かかりで調べて政府の見解を出したのが河野談話です。この時、宮沢内閣が選挙に打って出てボロ負けします。そして小沢一

1993年以降安倍晋三因縁の物語

- **1991年　金学順（キムハクスン）さんが日本軍の慰安婦だったと実名で証言。**
- **1993年　河野官房長官談話**
- **　　　　　自民党の下野　細川政権誕生**
- **　　　　　野党議員・安倍晋三衆議院議員**
- **日本の前途と歴史教育を考える若手議員の会**
- **教科書への攻撃**
- **2001年　番組改変　わたしが編集長**

郎さんの仕掛けによる連立政権の細川内閣が誕生しました。

これが１９９３年のことです。この時初めて国会議員になったのは、安倍晋三さん、岸田文雄さん、高市早苗さん。三人は同期生です。つまり、安倍さんたちは苦しい野党の国会議員として出発したのです。安倍さんについて言えば、河野談話に対して、当初から違和感を抱いていたように思います。

河野談話を受けて、歴史教科書にきちんと記述していくということが始まります。全部の教科書に書かれていました。子どもたちはそれで学ぶことになりました。ところが、１９９６年から97年にかけて、さまざまな動きが起きます。自虐史観許すまじという運動が始まるのです。新しい歴史教科書をつくる会、日本の前途と歴史教科書を考える若手議員の会、日本会議といった組織が産声をあげます。その結果、政治家、右翼団体が教科書を

2001年1月30日　発覚は4年後2005年

- **ETV2001「戦争をどう裁くか・問われる戦時性暴力」**
- **朝日新聞のスクープ**
- **放送直前、安倍晋三氏が、**
  NHK松尾武放送総局長と面会。改変が行われた。
- **安倍・中川氏は当初認めた。**
- **だが、NHKニュースは全面否定　ニュースが死んだ。**
- **朝日新聞の謝罪**

標的にして攻撃を始めます。

教科書会社はどれも経営規模が小さいですから、攻撃にひとたまりもありません。一社欠け、二社欠けという感じで、教科書の記述から慰安婦の言葉はなくなっていきました。教科書を屈服させた後、次なるターゲットとされたのがテレビ番組でした。

そして標的とされたのが２００１年１月の番組、「ＥＴＶ２００１」。ここで起きたのが番組改編事件です。私は４本シリーズの全体を統括するプロデューサー、雑誌で言えば編集長という役割でした。この事件で、私は出演してくださった方々、制作にあたったプロダクションの人たち、たくさんの人を傷つけることになりました。本当に申し訳なく思います。放送は２００１年１月30日。自民党国会議員の安倍晋三さんと中川昭一さんがＮＨＫの松尾総局長らと面会して、番組改変につながったということです。

このことが後日朝日新聞で大きな記事になり大騒ぎにな

るんですけれども、安倍さんや中川さんは当初は自分が行ったことを認めていたのですが、その後全否定に走ります。

一連のことが発覚したのは、その4年後の2005年1月です。朝日新聞がスクープするのですが、その後NHKは、7時のニュースなどを使ってそんなことはなかったと伝えたのです。

NHKのニュースは客観報道といって、NHKの見解、言い分はこうです、と伝えるのが客観報道なんです。NHKのニュースを使ってそんな事実はありませんでした、というのはでたらめを垂れ流す広報です。それは客観報道ではないです。それはNHKニュースの信頼性を悪用した虚偽放送です。

「NHKの見解はこうです」なら許されるのだけれども、「そんな事実はありませんでした」というのはアウトだと思います。私はきつい言い方ですが、この日にNHKのニュースは死んだのだと思っています。

昔、TBS「ニュース23」で、筑紫哲也キャスターは、「TBSは今日死んだに等しい」と語ったことがあります。オウム真理教の被害を追及していた坂本堤弁護士を取材したビデオテープを、オウムの幹部に放送前にこっそり見せ、結果的に坂本一家が殺害されることにつながったことを受けての苦渋に満ちた言葉でした。NHKが行ったことはそれと同等のことで

安倍氏の発言を考える

・松尾武放送総局長（新聞なら編集局長）
・15歳年上のＮＨＫのナンバー3

・「公平・公正に」
・「お前、勘ぐれ」
・勘ぐれとは、みなまで言わせるな！のこと。
・憲法21条　「検閲は、これをしてはならない」

す。

のちに明らかになったことで言えば、朝日の記事は正しかったにも変わらず、世間から糾弾されたのは、ＮＨＫではなく朝日新聞でした。朝日の政治部記者たちが自民党から取材拒否を受け、兵糧攻めに音を上げた朝日が謝罪に追い込まれ、取材した記者を処分するいうことになっていくのです。実に異常で倒錯的なことでしたが、当時、世の中に対して助けてくださいと声を上げることをしなかった私にも大きな責任があり、その責任は今もひきずっています。

では、安倍晋三さんは何を言ったのかを見ていきましょう。松尾総局長と安倍さんとの年の差は15歳。そんな年上の人に対して安倍氏は「お前、勘ぐれ」と言ったとされています。けれども、正確な言葉がどうだったのかは、松尾さんに確かめてみないと分かりません。私は確かめてみたいと思って時々松尾さんの自宅を訪ねていますが、いつも門前払いを受け、すごすご帰ってくることを繰り返しています。最近もまた松尾さんに手紙を書きました。心をこめて書きました。本当のことを言ってくださいと。でも松尾さんからの返事はありません。

安倍さんが「お前、勘ぐれ」と言ったとしましょう。「勘ぐれ」とはどういうことでしょうか。皆まで言わせるなということです。つまり、こんなところ、あんなところを切れと、具体的に言わせるなということです。

憲法21条に言論、表現の自由が明記されています。第2項には「検閲はこれをしてはならない」と書いてあります。これは治安維護の時代にいかに検閲がひどかったのか、戦争反対の声が出せなかったのかということの苦い教訓を受けての条文なのです。言論の自由だけを書くのではなくて、第2項で検閲の禁止をことさら明記しているのは、そうした時代の悲劇を二度と繰り返してはならないという強い警鐘が鳴らされているということです。

当時、安倍さんは内閣官房副長官で政府高官です。政府高官が放送前にこれするな、あれするなって言ったら、それは100%検閲になるのです。本人が認めていないから、まだ検閲だと私はここで言えませんけれども、それが認められれば検閲ということになって、憲法違反の行為をしたということになります。

そうなれば、その時分かっていれば、安倍さんが後に総理大臣になることはなかったのでは

なにが直前になくなったのか

- 慰安婦被害女性の証言
- 中国・東チモール
- 加害兵士の証言

- 番組は44分。しかし40分に
- 岩波現代文庫『NHKと政治権力』に詳しい。

ないかと想像します。

カットされたのは慰安婦被害女性の証言、中国・東チモール、加害兵士の証言です。慰安所で、こんなことがありましたという証言した人たちの声はバッサリなくなっていきました。番組は44分だったのですが、40分で放送されるということになったのです。なんとなく4分だけ切られたふうに見えますけれども、いっぱい無駄なものをたくさん足して4分マイナスなので、本当はもっと切れているということです。

44分の番組のなかで、この女性国際戦犯法廷の映像は10分を切ってしまうという、わけのわからないものになりました。もしお知りになりたい方は、岩波現代文庫の拙著『NHKと政治権力』（2014年）に詳しいです。私がいかにカッコ悪く、もがいていたかがいろいろ書いてあります。読み物として結構面白いです。

ダビングルームの吉岡部長に、夕方、総局長から改ざん指示が。

- 伊東「自民党は甘くなかったわよ、吉岡ちゃん」
- 松尾「これから言うことは経営判断だ。」

- 吉岡「そんなに切ったら38分になってしまう」
- 松尾「おい吉岡、切った部分を、早く現場に言え！」

本書では、こんなことがあります。伊東律子番組制作局長が「自民党は甘くなかったわよ。吉岡ちゃん」と。吉岡ちゃんというのは、教養番組部の部長です。そして、松尾総局長が「これから言うことは経営判断だ」と、結構バッサリ切らせるのが松尾総局長。

吉岡部長は反論するんです。「そんなに切ったら38分になってしまう」。松尾総局長が、「おい吉岡、切った部分を、早く現場に言え」、と。現場というのはプロデューサーの私たちです。

当時手直しをしていた時、デスクの長井暁さんが言います。「永田さん、納得できません。上と掛け合ってきてください」。私は「僕らは今、奈落の底にヒューッと落ちていく感じだね。行ってくるよ」と言って、総局長に談判に行こうとするのです。かっこ悪いですね。でも総局長の部屋がわからない。そこで、番組制作局長の部屋で「こんなことがあっていいですかって」と私は叫ぶのです。

すると、周りのみんなが下を向いて、目を合わさないのです。

ダビングルームの永田・長井の衝撃

- **長井「永田さん、納得できません。上と掛け合ってください。」**
- **永田「僕らは今、奈落の底にひゅーっと、落ちていく感じだね。行ってくるよ・・・」**

- **総局長室の場所がわからず。番組制作局の部屋で。こんなことがあっていいのかと叫ぶ。**
- **「ぼくがついていってあげるよ」制作主幹の遠藤絢一さん。**

一人だけ助け船を出してくれる人がいまして、制作主幹の遠藤絢一さんという人です。作家の遠藤周作さんの甥御さんです。「僕がついて行ってあげるよ」って言ってくれたのです。エレベーターを乗り継いで、22階に行きました。

そしたら、22階は絨毯《じゅうたん》がふかふかでした。靴が沈むみたいな立派な絨毯でした。音を今でも思い出します。フカフカフカフカ。その階に理事や専務理事の部屋があるのです。総局長は専務理事でもありました。

廊下に消火器が置いてあったことを覚えています。私はあの時、消火器を撒けばよかったなと、あとから思いました。でも、そんなことしたら傷害事件ですよね。総局長の部屋に伊東、松尾総局長、野島国会担当の局長の三人がいて、そこに入って行きました。

私の条件闘争は、かっこ悪く最後まで見苦しいのです。「兵士の加害証言はあきらめます。でも慰安婦被害者の証言は、残してくれませんか」。弱いですよね。松尾総局長が「僕が番組

総局長室での命乞い

- 松尾・伊東・野島がいた。驚いた表情。
- 永田の条件闘争「兵士の加害証言はあきらめます。でも慰安婦被害者の証言は、残してくれませんか」

- 松尾「ぼくが番組の責任者、納得できないものは出せない。なぜなら僕は番組の責任者なのだから・・（ぐるぐるまわる）」「自分たちで見つけてきたひとじゃないだろ」「慰安婦問題は今後もやれる・・・」
- 野島「きみが真面目で一生懸命なのはわかった。でも、もう決まったことなんだよ。」
- 戻って、最後のはさみを入れる。44分の枠が40分になる。

の責任者、納得できないものは出せない。なぜなら僕は番組の責任者なのだから、……（ぐるぐる回る）」、「（被害者たちは）自分たちで見つけてきた人じゃないだろ」、「慰安婦問題は今後もやれるんだ」。嘘つけという感じです。野島局長「君が真面目で一生懸命なのは分かった。でも、もう決まったことなんだよ」。なんだか、すごい脅し文句ですね。

ということで、私は戻って最後のはさみを入れます。44分の枠が40分になるという感じです。その後、このことの背景、つまり政治家の介在が朝日新聞によってスクープされるわけです。

今日、会場に当時NHKチーフ・プロデューサーをされたジャーナリストの長井暁さんが来ておられますが、このことを世の中に伝える、すごいことをされるのです。2005年1月、NHK近くの公園通りの東武ホテルの会議室で記者会見をされました。気迫と悲しみ、組織の壁を破る

2005年1月12日　朝日新聞スクープ

- **松尾・野島両氏が、放送前日に、中川昭一氏、安倍晋三氏に呼ばれて会った。**
- **「公平な番組ができないようなら、やめてしまえ」と中川氏。**
- **「勘ぐれ！おまえ」という空気を出す安倍氏。**
- **「教養番組で事前に呼び出されたのは初めて。圧力を感じた」とNHK幹部（後に、それが松尾氏だと判明するが、松尾氏はすべて否定するよう、中身が変わっていく。）**

気高さ、長井さんが一人で判断して実行したのです。なんと立派なことでしょう。

私がプロデューサー、長井さんがデスクで、一心同体でやっていたのです。ＮＨＫの仲間たち長井さんを孤立させるなどということで、真相究明に動きます。それによって、事件の顛末、時系列表ができあがります。

当時番組に協力した人たちが、ＮＨＫや制作にあたった会社を訴えた裁判がありました。その裁判の訴えた側に私たちが究明した資料が全部渡りました。そんな中で二審の東京高裁で、私も遅ればせながら証言をして、ＮＨＫが負けたのです。一審の東京地裁では私は本当のことが言えず、みっともないふるまいを続けました。そうした後悔を繰り返したくないと思ったのです。

長くＮＨＫのサラリーマンをやっていましたから、お世話になっている会社を裁判で負けさせるのは、サラリーマンとしては道を外れたことだったかもしれませんが、社会への責任とし

翌2005年1月13日、長井さんの記者会見

・TBSは中継で伝える。NHKの近く公園通りの東武ホテル。

・気迫と悲しみ、組織の壁を破る気高さ。

・長井さんが、ひとりで判断し実行した。
・長井さんを孤立させるな。真相究明に動く。

・精緻な時系列表ができあがる。後に、裁判の原告団にもわたる。
・裁判は東京高裁で、NHKが敗訴。

・2006年9月の「NHK倫理行動憲章」になっていく。
・民主主義の発展のために奉仕し、放送倫理を守る。
・職場の互いの人権を守る。

てはこれで良かったと思っています。その後、NHKの倫理憲章に反映されたり、いろんなことが明文化されていくのですけれども、今もなかなか実態が伴っていない感じです。

先程申し上げたNHKのニュースの死というのは、朝日のスクープを完全否定したわけですが、このことを少しもう一度おさらいしておきます。松尾総局長は、命がけで内部告発した長井さんに対して「憶測で物を言うジャーナリストを私は許せません」と言ったのですけど、それ、そのまま全部をご本人にお返ししたいです。

ETV事件は番組改ざんだけではありません。NHKニュースに対する視聴者の信頼を悪用し、心ある告発を握り潰し、嘘を垂れ流

NHKニュースの死

- NHKは、ニュース7を使って、朝日新聞のスクープや長井さんの記者会見を否定し、おとしめる。
- 松尾「憶測でものをいうジャーナリストを私は許せません」

- ETV事件は、番組改竄だけではない。NHKニュースに対する視聴者の信頼を悪用し、こころある告発を握りつぶし、ウソを垂れ流し、一部の政治家を守るべく、ひれ伏した。
- 海老沢会長の子分、諸星衛氏の暴走。

し、一部の政治家を守るべくひれ伏したということです。現場のニュースの人たちもやりたくなかったと言われています。「やれ」と言われたのは、ＮＨＫのトップの人たちが直にニュースセンターに降りてきて指示を出したからです。本の中には実名を書いておきましたけども、情けない人だと思います。

事件からくみ取るべきこと

- 大きな時代のうねり
- 「慰安婦」問題の現場に足を運ぶ
- 制作会社との力関係への無自覚
- 内部的自由
- NHKと政治権力の癒着
- 視聴者に向けてSOSを出せるか。
- メディアの連帯

さて、事件を受けての教訓ですが、メディアという組織において、内部的自由というものが何より大事だと思っています。「本当はこうですよ」ということを職場の中でちゃんと言える環境にあるかどうか。もし異変が起きた時、世の中に対して、視聴者に対して、助けてくださいとＳＯＳを出していけるか。３つ目は受信料で形成したNHKという公共財の中でこんなことが起きているよということを開示し、事件を教訓としてメディアをより良きものにしていくために、さまざまなメディアが連帯しなければならないということだと思います。

長井さんの記者会見の写真です。ベトナム戦争のアメリカ軍の腐敗について告発したダニエル・エルズバーグというジャーナリストがいますけれども、長井さんは日本のエルズバーグではないか、と思うのです。

エルズバーグはこの間亡くなりましたけれども、『国家機密と良心：私はなぜペンタゴン情報を暴露したか』（岩波ブックレット、２０１９年）があって、彼の言葉は珠玉の言葉にあふれています。ぜひ読んでいただきたいと思います。

一方、エルズバーグは出てきませんが、映画「ペンタゴン・ペーパーズ　最高機密文書」もあります。監督はスティーブン・スピルバーグです。ワシントン・ポストを舞台にした、ベトナム戦争の裏側を告発していく物語です。社主である夫が病気で死んで、ワシントン・ポストを引きついたキャサリン・グラハムを、メリル・ストリープが演じています。編集主幹ベン・ブラッドリーはトム・ハンクスが演じました。トム・ハンクスとメリル・ストリープ、二人とも大人だし、覚悟があってかっこ良かったです。

もう一つ紹介しておきましょう。練馬区出身の永井愛さんの脚本・演出で「ザ・空気」という傑作のお芝居があります。私に似たプロデューサーの役が田中哲司さん。NHK朝ドラ「らんまん」で東大の植物学教室の二代目の教授でした。

さて、私をモデルにしたであろうプロデューサーを演じる田中哲司さんが放送局の窓から飛び降りて自殺を図るんですよ。しかし植え込みが守ってくれて、奇跡的に生き延びます。私は舞台を観ていて自分の体が浮いたような気がしました。死んだような気持ちになったのです。

私としては、番組で紹介できなかった方たちにお詫びをしなければということで、旅もしました。

カットされたお一人が河床淑《ハサンクス》さんです。ソウルでお目にかかりました。萬愛花《マンアイファ》さんも中国からソウルに来られることになっていたのですが、ご病気でかないませんでした。その後、私は、慰安婦問題を忘れないため、平和の少女像などを展示する「表現の不自由展」に関わるなど、小さなリベンジを繰り返してきました。こうしてお話をすると、かさぶたを剥がすような、そんなとても恥ずかしく苦しい気持ちがいたします。

ハ・サンスクさんと。（2013年8月、ソウルにて）

安倍さんが亡くなったことは残念なことです。しかし、国葬というのは違うのではないかと思います。次頁の写真は新宿でのデモです。前川喜平さん、鎌田慧さん、そのとなりが私です。新宿通りをデモしていると、新宿歌舞伎町のホストのかっこいい男性が私に尋ねてこられました。「国葬って書いてありますが、誰か偉い人が亡くなったんです?」って聞かれました。「安倍さんですよ」と私。「ええ、安倍さん死んだんですか?」って、彼はびっくりしていました。こちらの方がびっくりです。

世の中はやはり広いというか、ニュースを知らない人もいるんだなと。ちなみに人が亡くなったことについて、昔のジャーナリストたちは結構厳しいことを言っています。当時「東洋経済新報社」主幹でのちに総理大臣になった石橋湛山は、明治の元勲・山縣有朋の死に際して「死もまた社会奉仕」と言いました。すごいですね。相当厳しい言葉です。いまなら即炎上かもしれません。山縣については日本陸軍を作った人でもあるし、政治家としての貢献を語る人もいますが、一方で、物が言えない、自由のない国を作った張本人でもありました。

3　その後の政治介入

私が長く携わった「クローズアップ現代」（「クロ現」）についてお話します。２０１４年７月集団的自衛権の行使閣議決定がなされた後、当時の菅官房長官がスタジオにやってきました。この時、国谷さんが聞きたかった大事なことがありました。それは多くの視聴者がもっとも知りたいことでもありました。集団的自衛権を認めれば、日本が海外の戦争に巻き込まれる危険性はありませんかという問いです。でも、菅さんは国谷さんの質問に正直に答えるということはなく、生放送はぷつんと終わってしまいました。この放送について、菅氏は不機嫌を隠さず、「クロ現」の編集部に秘書が不満を述べたと言われますが、真相は分かりません。

この出来事から1年半後、国谷裕子さんは23年続けた「クロ現」のキャスターの座を去ることになります。現場も、統括するNHK大型番組センター長も、みんな続投を望んでいたにもかかわらずにです。2023年3月、立憲民主党の小西洋之参議院議員は国会内で記者会見を行い、衝撃的事実を公表にしました。安倍政権下の2015年末の衆議院選挙の直前、首相補佐官の礒崎陽輔氏が、総務省にさまざま圧力をかけていたことを示す内部文書の存在を明らかにしたのです。文書によれば、放送法第4条に明記された「政治的公平」という文言を使って、政権にとって都合が悪い番組、たとえばTBS「サンデーモーニング」などを標的にし、放送法違反ということで電波停止に持ち込むことができないか、総務省の電波行政担当者に揺さぶりをかけるものでした。

しかし、総務省から官邸に送り込まれた山田真貴子氏らは、礒崎氏のふるまいは個人的なスタンドプレーであり、深刻に受けとめることはなかったことが記されています。にもかかわらず、2016年3月いっぱいで、国谷裕子、古舘伊知郎、岸井成格という当時のテレビ界の看板キャスターがあいついで降板しただけでなく、2016年2月、たとえ一つの番組であっても政治的公平をおかした場合は、電波停止もありうるという当時の高市早苗総務大臣の答弁がなされることになりました。今回の総務省文書には、高市発言に至る経緯はヤブの中ですが、明らかにテレビメディアを監督する総務省を首相補佐官がしめあげることで、政権に異を唱えることを許さないという空気が蔓延していたことが明らかになったことは、驚くべきことです。

これとは別に、当時の萩生田光一筆頭副幹事長らが、在京民放やNHKに対して、衆議院選挙報道で、政治的公平を担保するよう圧力をかけたことは分かっています。

キャスター降板の影に、このような生々しいことが起きていたことに驚きを隠せません。「ETV2001」だけではなかった。日常的に放送への揺さぶりが行われていることがはっきりしたのです。

2018年のことです。「クローズアップ現代」は、「クローズアップ現代+」と番組の看板が変わっていました。今はまた元に戻っていますが。「クロ現」の制作チームは、報道局と制作局の2つがあり、私がいた制作局のチームで事件は起きました。かんぽ生命の不正販売。認知症の方にどんどん契約を結ばせるといった異常なことが起きていました。まだ警察は動いていない中で、「クロ現」のチームは被害の実態を明らかにするために、視聴者からの「告発」、品のない言葉で言えば「タレコミ」を求めました。これはオープンジャーナリズムといって、極めてまっとうな手法です。社会部は、警察情報のおこぼれを記事にしますが、「クロ現」チームは、独自で取材し、裏をとって放送しました。

反響はとても大きなもので、第二弾を構えようと本格的な取材をして、内部告発のインタビューも撮っていたのに、待ったがかかります。かんぽ生命を売る日本郵政の上級副社長は鈴木康雄氏。彼は、当時経営委員長代行だった森下俊三と面会します。そしてNHK経営委員会がNHK上田良一会長をガバナンスの不備ということで厳重注意したのです。鈴木氏は元総務相の事務次官。電波行政一筋で総務省のトップに上り詰めました。つまりNHKや民放を含めて放送界を監督する官庁の親分が天下って、NHKに圧力をかけてきたわけです。それで何が起きたのか。会長が厳重注意を受けたことで、放送が先に延びてしまいます。現場はどれほど悔しかったことでしょう。それでも現場はあきらめず、1年後に放送は出ることになります。

ただ、すぐに第2回目が出せなかったことで、被害が拡大しました。これはたいへんひどいことです。視聴者への裏切りです。そもそも、NHKの経営委員会はNHKの最高意思決定機関ではありますが、個別の番組について議論することは禁じられています。しかし、この時はそうではありませんでした。いま、上田会長を厳重注意した時の経営委員会の議事録の公開を市民が求めて裁判が起きており、2024年2月に、東京地裁で判決が言い渡されます。上田氏は、「クロ現」チームの取材をまるでヤクザのようだと国会で言いましたが、その言葉をそのままお返ししたいです。

さて、番組改変事件や、安倍・菅政権のもとでのメディアへの弾圧については、国際的にも危惧する声が上がることになります。アメリカの法学者でカリフォルニア大学教授のデビッド・ケイ氏が国際連合の言論の自由・表現の自由に関する国連特別報告者として、関係者に事情を聴き、報告書を出すということになりました。2016年から17年にかけてのことです。デビッド・ケイ氏は来日し、精力的にヒアリングを行いました。本当は2015年に来ることになっていたようですが、政府がドタキャンしたのです。電波行政に関わる官僚、政治家、メディア関係者、私も事情を詳しく聴かれました。驚いたことに、私の書いたものを読んでおられ、番組改変の詳細についても知っておられました。私は慣れない英語で説明し、文書も出しましたが、あくまで確認程度だった気がします。そうした調査を踏まえて、デビッド・ケイ氏は、次のように述べました。おおざっぱに私なりに要約します。「日本には言論・表現の自由を明記した憲法があり、人々はそれに誇りを持っているが、メディアはいま重大な危機にある。とくに放送においては、放送法第4条の中の政治的公平というルールが濫用され、政権からの圧力に抗しきれない。だとすれば、この政治的公平の文言をなくしたらどうだろうか」。

そのようなことを再度来日したケイ氏は語ったように思います。

この放送法第4条の政治的公平の文言は、安倍政権下でさまざま悪用されてきました。元毎日新聞の政治部記者で「ニュース23」の岸井成格キャスターは、安倍政権に厳しいコメントを繰り返すなか、読売新聞や産経新聞に載った意見広告で、放送法違反のキャスターという批判を名指しで浴びることになりました。岸井さんは、集団的自衛権を認めた安保法制は憲法違反であるという批判をやめませんでした。そもそも岸井さんは、1972年に時の首相・佐藤栄作氏が沖縄の本土復帰を花道に引退の記者会見で、「新聞は嘘ばかり書くから出て行ってください」と暴言を吐いた際、「いいですよ、じゃあ出ていきましょう」と毅然と立ち向かった人です。あとに残ったのはNHKなどテレビの中継カメラとカメラマンだけ。なんとみすぼらしく恥ずかしい記者会見だったことでしょう。当時の政治部記者たちには気骨があったんですね。そんな武勇伝もある岸井さんにはずいぶん大事にしてもらいました。新聞の意見広告は優しい岸井さんのこころをどれだけ傷つけたことでしょう。2016年3月、岸井さんは「ニュース23」のキャスターを降板します。その背景には先ほど述べた礒崎補佐官や自民党の蠢きがあったのかもしれません。2018年5月、岸井さんは亡くなりました。同じ頃に出た私の編著書『フェイクと憎悪：歪むメディアと民主主義』（大月書店、2018年）の最後に、私は岸井さんへの思いを綴りました。

4　公共放送はどこへいく

　ところで、政権による圧力、また政権への忖度はいつから始まったのでしょうか。今年の毎日出版文化賞を受けた大森淳郎・NHK放送文化研究所著『ラジオと戦争：放送人たちの「報国」』（NHK出版、2023年）という名著があります。アジア・太平洋戦争において、日本放送協会は大本営発表の臨時ニュースに象徴されるように、戦争の旗振りをしてきました。当時の放送局員は、イヤイヤ、しぶしぶ戦争に協力したというのが、これまでの定説でした。しかし、本当にそうだったのか。著者の大森さんはその問いに14年の時間をかけて取り組みました。

　大森さんの名前は、テレビの良心について語る時、真っ先に名前があがるドキュメンタリーのディレクターです。この本は、ETV特集で放送されたシリーズ「戦争とラジオ」と月刊『放送研究と調査』での連載論文をもとにしています。大森さんは先人の業績を踏まえつつ、たった一人で格闘を続けました。ちなみに、大森さんは、ETV事件のことを片時も忘れず、自分に何ができるかと問うなかで、この本を書いたと、あとがきの中で書いておられます。

　朝日新聞が『新聞と戦争』（朝日文庫、2011年）という労作を出したのはチームでの作業でした。大森さんは先人の業績を参考にしながら、ほとんどたった一人で、わずかに残る原稿、録音、そして関係者の証言で当時の放送の実態を明らかにしていきました。

あの時代、日本放送協会に取材部門はなく、同盟通信の原稿を話し言葉に書き直しただけとされてきました。しかし、満州事変の原稿を照合すると、放送では日中両軍の緊張を煽るよう書き替えられていました。全面戦争を正当化する。これがニュースの編集方針でした。

ラジオは戦場の臨場感を高めようとさまざまな工夫を凝らしました。1941年12月の九龍半島への攻撃。飛び出す砲弾、空気を切り裂き飛ぶ音、炸裂する轟音に加え、逃げ惑う人たちの悲鳴が聞こえます。それは戦争の悲惨を訴えたかったのではありません。中国の民衆と対比し日本人の幸福を際立たせるための演出だったのです。戦争にどう協力できるか率先して考え行動する。それこそが当時の放送人の本質でした。その後敗戦、占領を経て、1950年に放送法が生まれ、戦争協力の時代から訣別を果たしたはずでした。しかし、そうではありません。いまもその根っこはずっと続いているような気がします。平和と人権のために本当に努力できているのか、不埒な権力にきちんと抗えているのか。重い問いです。

最後に、ジャニーズ事件問題について触れます。ジャニーズ事務所のジャニー喜多川氏による性加害。被害者は1000人を超えるともいわれます。テレビ、新聞、雑誌、メディアの関係者の多くが、その実態に気付いていたにも関わらず、2023年3月に英国の公共放送BB

Cがこの問題を取り上げるまで、ほとんど沈黙を続けました。

　私はＮＨＫの教養・ドキュメンタリーの世界で生きてきました。ＳＭＡＰ時代の稲垣吾郎さんにナレーションを読んでもらい、うれしかったことがあります。ＮＨＫの西館７階にはスタジオの大道具やコンピューターグラフィックスなどを発注する映像デザイン部があります。今回、犯行が行われた７０９リハーサル室やトイレは、そこのすぐ近くです。公共放送であるＮＨＫは若い才能を公平公正に生かし、たくさんのタレント・歌手が活躍できる場でなければなりません。しかし、衛星放送のお客さんを増やすために、ジャニーズのタレントに依存する冠番組を設け、紅白歌合戦や大河ドラマで重用するなど、この20年間、過剰な依存と癒着を続けてきました。その中で被害も拡大したのです。どうか第三者の検証委員会を設け、何が問題だったのか、きちんと明らかにしてもらいたいと思います。

　放送というメディアは世界を知るための窓、公共放送は受信料で育てた人々との財産です。まだ絶望するには惜しい。言論・表現というものは、社会がおかしくなっていることをいち早く伝える、いわば炭鉱の坑道のカナリアのようなものです。どうか市民とともに歩み、声を上げられない人とともに歩む放送であってほしいと思います。人々の幸せの器であってほしいです。雑駁なお話をしましたが、これで終わります。ありがとうございました。

言論・表現はカナリア

- 一本のマッチが、周辺の闇の深さを教える
- 芸術や学問は、少数の小さな声
- メディアはそれを支える。
- 豊かな言論空間を。

【追記】

NHKは2024年1月、24年度から3年間の経営計画を発表しました。

その中で、NHKの究極の使命は「健全な民主主義の発展に資すること」という点にしっかり言及しました。

私は、このことを高く評価したいと思います。放送は健全な民主主義の発展のために、お役に立たなければならない。健全な民主主義とは多数派のことを大事にするのではなく、少数派の意見を尊重するということです。政権に忖度し、ご機嫌を伺うようなニュースとは訣別するということです。そもそも健全な民主主義に資するという文言は、放送法第1条にはっきりとうたわれているものです。

この3か年計画は視聴者への約束です。どうか、この約束が日々きっちり守られることを願ってやみません。

第2章

カルトの政界工作　メディアの責任を問う

鈴木 エイト

ジャーナリストの鈴木エイトです。本日は「カルトの政界工作〜メディアの責任を問う」と題してお話しします。ここで言う「カルト」とは統一教会のことです。統一教会を「カルト」と呼ぶと、教団関係者がいろいろ言ってきますが、河野太郎大臣も統一教会のことを「カルト」と指摘しているので、教団関係者は河野太郎大臣へ確認していただきたいと思います。

自己紹介

私は自分のことを「野良系ジャーナリスト」と言ってます。通信社や新聞社に勤めていたわけではなく自己流でやってきたので「野良系」を自称してます。

2009年創刊のニュースサイト「やや日刊カルト新聞」で主筆を務めていて「宗教カルトと政治」とのテーマで2011年よりジャーナリスト活動を始めました。最近、いろいろな立場の方から講演に呼ばれますが、私には一切党派性はありません。

2022年9月に『自民党の統一教会汚染：追跡3000日』（小学館）という本を出しました。翌年5月には『自民党の統一教会汚染2：山上徹也からの伝言』（同）という、主に安倍晋三元首相銃撃事件後の300日を追った書籍も出版しました。直近では、7月に山上徹也被告に特化した書籍『「山上徹也」とは何者だったのか』（講談社＋α新書）も出しています。

事件の前も共著で統一教会と政治家の関係については書いていたのですが、なかなか一般化しませんでした。

最近では『だから知ってほしい「宗教2世」問題』（筑摩書房、２０２３年）も編著として出しました。「宗教2世問題」について様々な研究者やジャーナリスト、当事者などが論考を重ねていている書籍です。ぜひ読んでいただければと思います。

統一教会とは何か

本題の統一教会については皆さんよくご存知だと思うのですが、正体と目的を隠した偽装勧誘であるとか、霊感商法、合同結婚式など、さまざまな社会問題を起こしてきた宗教団体です。宗教団体ではあるのですが、一方では勝共連合、ＵＰＦ、世界平和女性連合など多くの関連団体や関連企業を持った「統一グループ」といわれるコングロマリット的な側面もあります。日本国内では反共組織を使った政治工作を長年展開してきました。信仰の対象は文鮮明教祖と韓鶴子総裁、この二人になります。信者からは「真の御父母様」と呼ばれています。２０１２年に文鮮明教祖が亡くなった前後には、後継者候補だった息子たちをどんどん放擲し、現在は韓鶴子総裁による独裁体制になっています。

一番問題になってきた霊感商法は１９７４年に高額な高麗人参茶を売りつけることから始まり、日本だけが経済的な負担を強いられる形がスタートします。壺・印鑑・多宝塔・高麗人参濃縮液などを売る「霊感商法販売マニュアル」も作られていました。

では、なぜこういった組織的な不法行為が放置され取り締まりを受けることがなかったのか。その理由としては、有力な政治家の後ろ盾があったことが挙げられます。

カルト問題に関わるきっかけ

私がカルト問題に関わるきっかけは、21年前に遡ります。2002年6月、JR渋谷駅の改札口を出たところで統一教会の偽装勧誘現場に遭遇したのが最初でした。前日に日本テレビの「報道特捜プロジェクト」で統一教会による正体隠し勧誘の特集を観ていたのですが、まったく同じ場面を目撃し、後先考えず割って入り偽装勧誘を阻止しました。

偽装勧誘を阻止すること自体は楽しかったですね。要は、信者たちは嘘をついて勧誘しているので、論破することにやりがいがあったのですが、次第に勧誘している信者たちも最初は偽装伝道の被害に遭い、マインドコントロールをされ信者になった被害者なのだと気が付きました。カルト問題の複雑な構造を知り、取り組みを続けてきました。

勧誘の手口

統一教会は「手相の勉強」「青年意識調査アンケート」などと声をかけ、組織的に勧誘しま

写真① 統一教会の勧誘場面

す。写真①のスカートの女性がこれから勧誘されそうになっている人、少し離れたところでスマートフォンを見ている女性も仲間です。声をかけた女性を引き込めそうだと判断するとブロックサインを出す。2対1の状況を作り、1人は電話で「アベル」と呼ばれる上司に指示を仰ぎつつ、もう1人が逃さず応対する形です。

手口は「転換期トーク」です。「あなたは今、人生最大の転換期です」「すぐ近くに今日たまたま偉い姓名判断の先生がいるのでみてもらいましょう」などと言って教化施設であるビデオセンターへ連れていく手口です。

資料②は勧誘員が持っていた名刺です。鑑定士や開運アドバイザーを標榜します。一番上の須藤という人物、この男性が最初に勧誘阻止した相手です。

勧誘員が持っていたアンケート用紙の裏を見ると「あ、すいません。お顔《かお》の相《そう》いいですね」、『賛美《さんび》』→「アンケートおねがいします」「3回は言ってみる」と書いてあります（写真③）。ここに「218」と書いてありますが声をかけた人数です。218人に声をかけて、やっと立ち止まってくれたのに私がそこに割って入るため、非常に嫌われていました（笑）。

近年は「カルチャーセンターの卒業生」という口実で勧誘しています。よく見ると教団名が小さく書いて

写真② 統一教会の偽装勧誘員が持っていた名刺

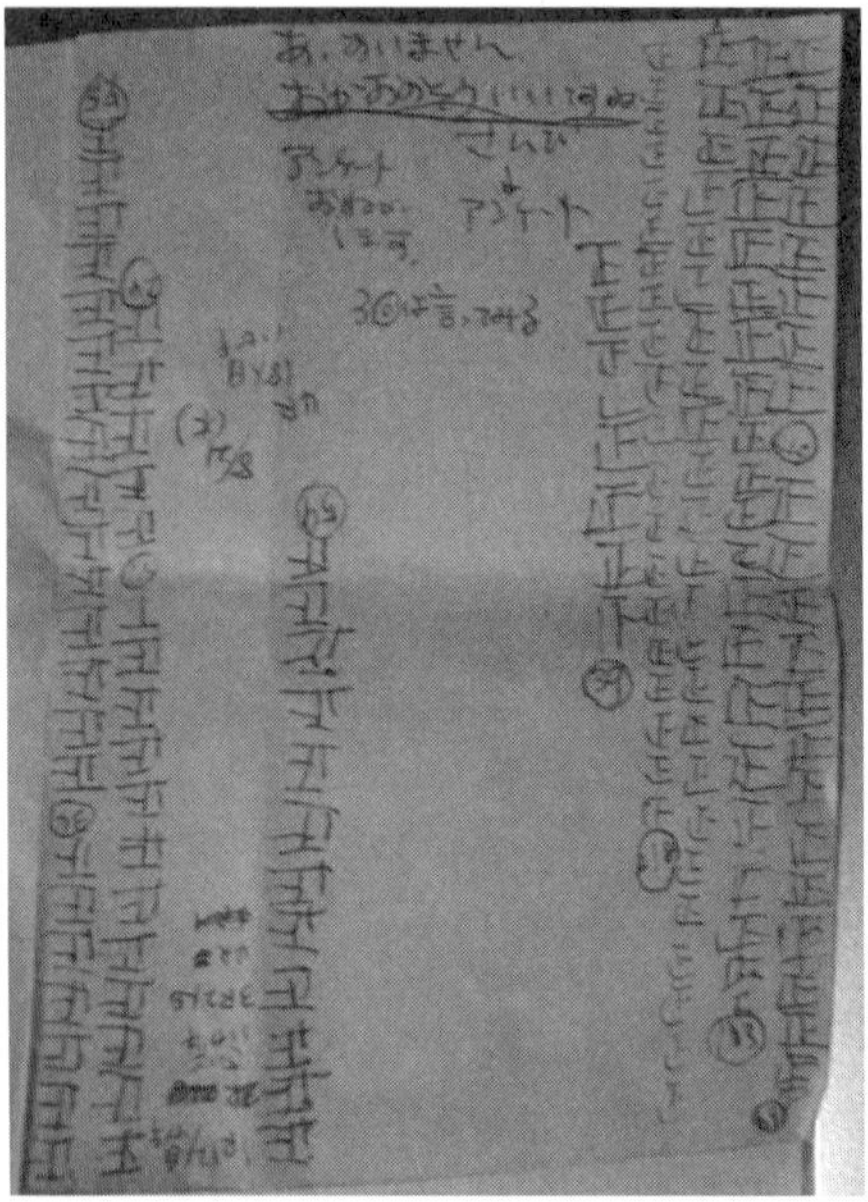

写真③ 統一教会の勧誘員が持っていた
アンケートの裏に声かけの数が

ありますが（写真④）、「OB／OG」つまり「カルチャーセンター（ビデオセンター）の卒業生として自分が学んで素晴らしかったから紹介したい」という体で誘っています。

連れていくのがビデオセンターです。入り口に「Welcome（ウェルカム）」と書いてあるので、私もいつも「歓迎されているな」と思って入るのですが（笑）。非常にサロン的な雰囲気で入りやすい。大学や会社終わりに通わせるという形です。

「ガム取りチャレンジ」など清掃活動もさせます。一見、怪しいところはなく人間関係を作っていく手口です。なぜ「ビデオセンター」と言うかというと、ビデオブースがあるからです。信者の生産施設です。最初は社会問題などの映像を観せて漠然とした不安を煽りながら、だんだん教義・宗教的なものに移行します。私は施設の正体を知らされないままビデオを観ている受講生たちに声をかけて、救出する活動を並行してやってきました。施設内に入れてもらえない時は、外で張り込みをして出てきた受講生に声をかけ救出しました。

写真④
青年意識調査という名目で勧誘

「風水講演会」とか、「整体イオンエ

ステ」「タキオン実演会」「オーラ測定会」これも統一教会です。いろいろな偽装ボランティア活動、清掃活動などがあり、地域の町内会に入り込んでいたり、「ピースレンジャー」という戦隊ものもあります。清掃活動ですが、これも統一教会がやっているものです。

ちょっと怖いのがデイサービスにも出入りしています。老人ホームに通っているお年寄りが被害に遭わないか心配です。ある事例では、信者である司法書士が地域のお年寄りたちに後見人セミナーを行っていた事例も実際に確認しています。

あと、大学生や青年には『CARP（原理研究会）』『YSP（世界平和青年学生連合）』が手を伸ばしてきます。近年は流行りのSDGsを謳い、コロナ禍でオンラインサミットを行っていました。

強調したいのはカルトの勧誘は怪しくないということです。各大学構内に「怪しい勧誘に注意」というポスターが貼ってあるのですが、怪しければ判ります。怪しくないから騙されてしまうのです。

私は『日本脱カルト協会（JSCPR）』にも所属しており、カルト勧誘の啓発DVDの監修をしています。

指名手配「要注意人物！」

誰もが被害者になる可能性があり、被害者が信者となり新たな被害者をリクルートしていきます。「カルト被害」の連鎖を止めるために、街頭での勧誘阻止活動やビデオセンターからの救出活動を続けているとどうなったか。統一教会から全国に指名手配されてしまいました（笑）。

「要注意人物！」とのタイトルの手配書を見ると「反対活動家」とか「録音機器でこちらの発言を録音している可能性がある」とか「言葉巧みに無断で教会関連施設に押し入り写真撮影等を行う」などと書いてありますが、この件に関するお問い合わせ先は教団の広報局とあります。

これは許せないと思い、すぐ統一教会の広報局へ電話をかけて猛抗議をしました。「なぜあんな不細工な写真を使うのか」と、写真の差し替えを要求しました。もう一点、「長身１８５㎝くらい」と書いてあるのですが、そこまで高くないので、これも「１８０㎝」に変更してもらいました（笑）（写真⑤）。

「やや日刊カルト新聞」の藤倉善郎さんも手配書に写真が載っています。「鈴木エイトだけ写真を差し替えてもらうのはずるい、自分も写真を変えてくれ」と藤倉さんもメイドのコスプレをした写真を送信したのですが、替えてもらえませんでした（笑）。

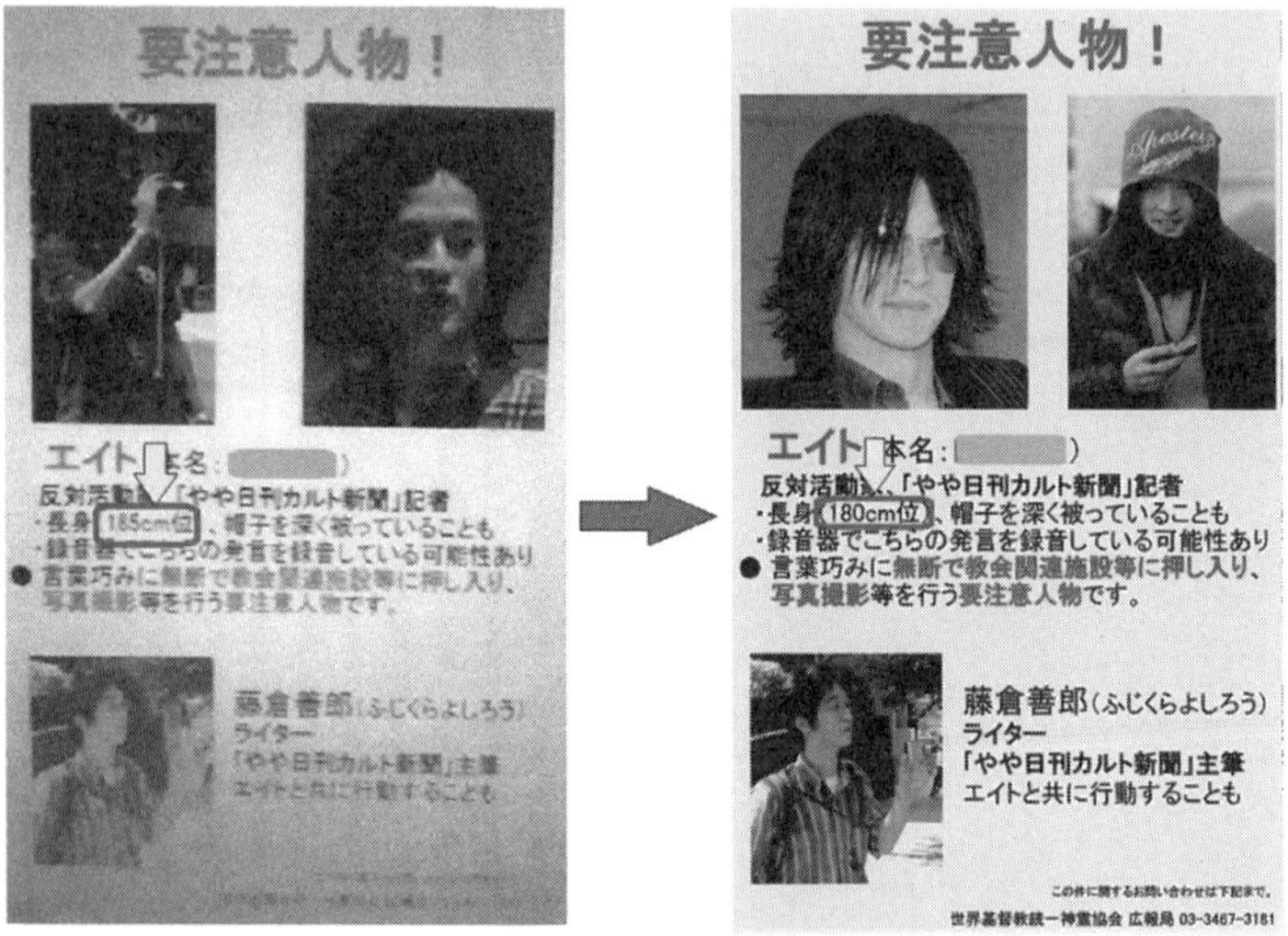

写真⑤ 統一教会の「要注意人物！」手配書

霊感商法

霊感商法は「先祖の因縁」などを説き、高額な壺・印鑑・多宝塔・水晶・貴金属・絵画などの商品を購入させる悪質商法です。

２０１０年代、一応、統一教会が形だけのコンプライアンス宣言をした後は、家系図を使う手口などに移行していきました。いろいろな『家系図セミナー』が全国各地で行われていたのですが、使っているイラストがすべて一緒なんです。

写真⑥は２０１３年ぐらいまで主力商品だった天福函《チョンボッカム》という経典集です。４３０万円献金した人に授けるというものだったのですが、１４０万円献金した人に一部授けたりとか、３０００万円、１億円を献金した人には『真の父母賞』といって教祖夫妻の写真やサ

写真⑥　統一教会の主力商品だった天福函《チョンボッカム》

インをつけてました。

資料①は２００９年から11年の日本の教団内部資料です。年間の総収入は大体４００億円から６００億円。経費などを引いた毎年２００億円から３００億円が韓国の教祖一族へ送金されてきました。

全国霊感商法対策弁護士連絡会（全国弁連）の集計では１９８７年から２００２年に全国弁連や全国の消費者センターに寄せられた

年度別TD推移

IN	2009	2010	2011
TD in	445	475	498
KI	93	49	32
1/10	18	25	31
D	585	575	594
TD in 前年比	—	107%	105%

総入金〔D〕に対する全体比
◇KI％：　16％→9％→5％　減少
◇1/10 K：　3％→4％→5％　上昇
◇TD in 2009年比：12％増加

OUT	2009	2010	2011
TD	230	255	295
KH	170	163	169
HS	145	132	105
HK	32	27	21
TD 前年比	—	111%	116%

総入金〔D〕に対する全体比
◇HS+HK：30%→28%→21%　減少
◇TD%：39%→44%→50%　上昇
◇TD 2009年比：27％増加

資料①　統一教会の内部資料
毎年、数百億円を勧告の教祖一族へ送金

統一教会による相談件数は3万4818件、累計被害額は1282億円。これは氷山の一角であり、実際の被害額はその数十倍、1兆円を超えているとの指摘もあります。

韓国の教団聖地・清平《チョンピョン》に様々な豪華施設が建っていますが、これも日本から収奪したお金で建設されたといわれてます。

破壊的カルト

統一教会は「破壊的カルト」と指摘されています。通常の悪徳商法ではお金の被害だけですむのが、その人の人生、家庭、家族、そういうものもすべて破壊されてしまう事例が多数あることから「破壊的カルト」といわれています。

もう一つ重要なのが「宗教」の問題ではなくて、「カルト」の問題だというところです。頭ごなしに特定の教団をカルトだと決めつけているわけではなく、具体的な被害や人権侵害があるかどうかが境界線だと思っています。

合同結婚式と2世問題

今年5月に韓国へ取材に行ったのですが、日本からの数百名の2世信者カップルが合同結婚式に参加していました。合同結婚式は教義の核となるもので教祖の選んだ相手と結婚をさせられます。2012年に文鮮明教祖が亡くなり、マッチングの形式にも変化が見られます。近年において合同結婚式の相手はマッチングチームサポーターや親同士が決めたりしていますが、自由に恋愛ができるわけではないです。

『カルトの花嫁：宗教二世 洗脳から抜け出すまでの20年』（合同出版、2022年）という統一教会の「信仰2世」（生れた後に親が入信した2世）の冠木結心さんが書いた本があります。冠木さんは、合同結婚式で韓国に渡り苦労された女性です。

2世問題としては、幼少期からかなり偏った教えを擦り込まれることが挙げられています。

教団の転換期

2009年に「新世」事件が起こります。2000年代後半に全国で統一教会系の霊感商法の販売会社が摘発されました。教団が最も肝を冷やしたのは2009年2月、渋谷にあった同教団系の印鑑販売会社「新世」を警視庁公安部が摘発した時です。「渋谷教会」「豪徳寺教会」「南東京教区事務所」が強制捜査（家宅捜査）を受けました。渋谷教会と南東京教区事務所は、渋谷の松濤本部のすぐ目の前です。

公安部は、松濤本部への強制捜査の準備をしていたのですが、有力な政治家の口利きにより寸前でストップをしてしまいます。この政治家は警察官僚出身の亀井静香氏と指摘されています。

この時の一連の摘発について、当時の教団の韓国人総会長が反省をしたそうです。ただし、霊感商法自体を反省したのではなく、「政治家対策を怠ったから摘発を受けたのだ」と。ここから教団は政治家対策を再強化していきます。

この時に教団の徳野栄治会長が辞任するわけですが、その前にコンプライアンス宣言をしています。ただし、これは組織的な霊感商法や偽装勧誘を信者個人の活動としてすべての責任を個々の信者へ押し付ける欺瞞的なものでした。そもそも法令遵守を通達しなければならない団体が、公益法人である宗教団体だということ自体がおかしいですよね。

これらは2013年の教団本部の内部資料で『高齢者ケア状況調査票』というものです。「喜んで学んでいる記録映像で残す」「念書を取る努力する」などと記載されており、裁判対策、訴訟対策をしていることが判ります。

別の教団内部文書には「借入金」について書かれています。『今後の注意点』として「借入金等の場合、本来借入金は消費貸借契約であるため、返済時期が来た場合、あるいは相手からの要求があれば返済しなければならない」とあります。「本来借入金は返さないといけないもの」ということは、それまで返していないということです。これは信者に土地や家を担保にして銀行からお金を借りさせて、そのお金を教団が借りるという形をとり、なし崩し的に献金にさせてきた事例を想起させるものです。教団の欺瞞性が改めて判ります。

ジャーナリストとして

自分のことを話すと、私がジャーナリストとしての言論活動を始めたのは２０１１年ぐらいからです。その前はライターと言っていました。東京・荒川で地域のお祭りの運営が高齢者ばかりになって衰退してきたところに統一教会の青年部が入り込んで乗っ取った事例がありました。その際に、衰退する地域社会とカルトの浸食を対比的に社会問題として書いたことから評価を受け、ジャーナリストとして言論活動をするようになりました。

統一教会と政治家

教団の純血デモを先導していた足立教会青年リーダーの転身先をご紹介したいと思います。彼がこの後どこに転職したのか、現在何をやっているかというと、ある政治家、国会議員の秘書をやっています。皆さんご存知の山際大志郎氏です。たまたま秘書として就職したわけではなく、文鮮明教祖による指示が背景にあります。

「まず秘書として食い込め、食い込んだら議員の秘密を握れ、次に自らが議員になれ」

ここから教団と政治家の関係を追及する私の孤独な戦いが始まります。最初は地方議員の追及から始めました。信者が出自を隠して立候補していたケース、そしてまったく無名の候補者が地方選挙で信者運動員を散々使い倒してトップ当選を果たしたことがあったのですが、私が取材を始めた途端にこの地方議員は「まったく知りませんでした」と信者を切り捨てました。

散々お世話になった信者たちを追い捨てにしたケースです。私はこういう団体の信者は人権侵害を受けている被害者だと認識しています。そういう人たちに散々お世話になっておきながら、ポイ捨てする政治家はカルトより酷いのではないかということで取材を続けました。

その後、国政に関わる政治家の追及を始めました。第二次安倍政権発足後の2013年3月、勝共連合の新会長就任パーティに多くの国会議員が参加していたことを掴みました。その後、7月の参院選で安倍晋三首相（当時）が肝いり候補者だった産経新聞元政治部長の北村経夫氏への組織票支援依頼を統一教会にしたことを示す教団内部FAXを入手しました。

北村氏の祖母は、北村サヨという天照皇大神宮教《てんしょうこうたいじんぐうきょう》の教祖です。北村サヨ氏は安倍晋三氏の祖父・岸信介元首相の恩人にあたります。自分の祖父の恩人の孫への組織票を依頼したのです。FAXには「首相から直々この方を応援してほしいとの依頼があり、当落は上記の踊る宗教（天照皇大神宮教）と当グループ（統一教会）の組織票ですが、またCランクで当選には程遠い状況です。参院選後に統一教会を国会で追求する運動が起こるとの情報あり、それを守ってもらうためにも、今選挙で北村候補を当選させることができるかどうか、それが死活問題です」と書かれていました。

安倍さんと統一教会は選挙に際して裏取引をしていた形跡がある。ではこれは安倍さんだけなのかというと、実は当時の菅官房長官も関与していました。

選挙運動期間中に北村氏がこっそり自分の選挙カーの運転手を帰して、統一教会の複数の地区教会に礼拝に参加し講演していました。そのことを知った支援者が北村氏の選挙事務所の選対の責任書を問い詰めたところ、「菅官房長官の仕切り」と答えたことが判っています。

つまり、政権ツートップが反社会な団体と裏取引をしていたということになります。結局この時の選挙で、北村氏は教会票約8万票の上乗せによって初当選を果たしています。これは一般のメディアで報じたいと思って企画を出しましたが、どこも応じてくれませんでした。唯一『週刊朝日』だけが取り上げてくれました。

安倍晋三と統一教会

実際の安倍さんと統一教の関係はどうだったのかというと、最初にメディアで取り上げられたのが２００５年と06年、ＵＰＦ（天宙平和連合）の集会に祝電を贈った案件です。この時は複数のメディアが報道しています。

この時期までは教団の関連団体に政治家が祝電を贈ったり、関連団体に年会費を数万円支払った程度でちゃんとメディアは報じていました。メディアは権力者である政治家の監視を行い、政治家はその対応に追われていた。ある意味、メディアと政治家の間に緊張関係があったのがこの時期までになります。

安倍さんは、この時「事務所が勝手に送ってしまったようだ、気をつけるよう注意した」とメディアへ答えています。実際にこの時期、安倍さんに選挙の出馬の相談をしに行った政治家がいるのですが、その人に対して安倍さんは「君には応援してくれる宗教団体があるのか」と訊いたそうです。その人が「私は統一教会とは親しくしてますよ」と答えたところ、安倍さんは「僕はあの教団は嫌い」と言ったというのです。

「祖父や父親は仲良くしていたけど、僕はあそこは嫌いだ」ということをこの時はっきり言っている。この時、統一教会とは距離を置いていたはずの安倍さんが、7年経って教団組織票依頼をするまでにどう変節したのか、そこに何があったのかというピースは、実はまだ完全には解明されていません。

ただ、その前年2005年の教団の内部文書の反ジェンダーの記述箇所に安倍さんの名前が出てきます。反ジェンダー運動の中では共鳴関係にあったのではないか。資料②は2010年の参院選のいわゆる有田退治文書。有田芳生さんを落選させろという勝共連合の文書の中にも安倍さんの名前は反ジェンダーの文脈の中で「欠かせない先生」として出てきます。

栄光在天

聖恩心から感謝申し上げます。

日頃は激しい摂理の中、聖業ごくろうさまです。

さて、来る７月の参議院選挙でございますが、勝共本部青津和代本部長より資料等届いているかと思いますが、山谷えり子先生の必勝のためご尽力宜しくお願いいたします。６年前の選挙では西日本の食口の皆様にお願いしましたが、このたびは全国あげてお願いする形になるかと思います。ご存じのように昨年８月の総選挙において自民党は大敗いたしました。民主党も厳しいとは言え、自民党けして楽観できません。前回以上の票数が必要になると思います。青津部長の話では２５万から３０万票と読んでおります。ジェンダーフリー問題、青少年問題にとってなくてはならない先生でありますし、ここで男女共同参画社会５ヵ年計画が新に内閣府から示され、民主党政権下でさらなる厳しい状況が予想されます。山谷先生、安倍先生なくして私たちのみ旨は成就できません。

山谷事務所も３０万票必勝態勢で臨んでおります。ここにきて日本会議、仏所御念も票がばらけるようでございます。なおさら私たち食口が一人５票、二、三家庭を固めていただくことがみ旨成就にとって必至でございます。どうか教区長を先頭に名簿づくり、声がけ下さいますようお願いいたします。又一番重要なことですがくれぐれも個人名「山谷えり子」と二枚目の投票用紙に記入することを何度も何度も徹底して下さい。自民党、党名ではだめです。

なお資料等足りない場合は本部青津部長まで連絡下さい。対策上直接山谷事務所に連絡することはやめて下さい。又青津さんも自民党の先生方を集めた全国教育問題協議会の事務をしている関係上名前を変えています。勝共の青津は使ってません。本部に連絡して選挙と言って下さい。青津部長に必ず伝わります。地区名を伝えて下さい。

有田対策ですが、くれぐれも宜しくお願いします。相対的に有田退治になります全国足並み統一行動を取って下さい。

選挙直前に指示が届きます。

資料②　勝共連合の「有田退治」文書（同連合は否定）

参院選後、衆院選前に安倍さん側近の萩生田光一氏が教団の八王子のイベントで来賓挨拶をしていました。そして２０１５年、教団名称の変更。これは２０２２年から報道されているので皆さんご存知だと思うのですが、文化庁が長年拒んできた教団名称変更を、文科大臣だった下村博文氏が文化庁に圧力をかけて認めさせたという情報を得て『週刊朝日』に寄稿しました。

たしかにこの時期の教団

系の出版物を調べると、『Viewpoint（ビューポイント）』という教団関連の世界日報の月刊誌に直近2年間で下村氏が3回も出ていました。ほかの政治家はこんなに登場していません。

大臣執務室に教団関係者である世界日報の記者を入れてインタビューを受けています。文鮮明教祖が1997年に世界中の教団名称を世界平和統一家庭連合に変更するよう指示し、世界中で名称変更がなされたにもかかわらず日本では申請すらできなかった。それだけに教団は大喜びして幕張メッセで記念式典を開き、多くの国会議員が参加しました。さらに名称記念のショートムービーを何本か作り教団本部11階の大型モニターから外に向けて上映していました。ただ、その中の1本は「壺」「カルト」などの自虐的な台詞があり、斬新すぎて教団内で不評を買い3日でお蔵入りになっています。

現役2世を使った政治工作

私の1冊目の本では現役の2世信者たちのことを取り上げています。脱会した2世ではなくて、現役の2世たちがどのように政治家や教団に使われていたかを書きました。

2016年1月、突如UNITE（ユナイト）という保守派の大学生グループが全国で活動を始めました。団体名に勝共連合と付いていますが、「国を憂う大学生たちが自主的に声を上げ、全国に拡がっていった」として学生による自主的な活動だと標榜していました。

これがどういう時期かというと、前年秋に学生団体SEALDs（シールズ）が国会裏で行っていたデモが注目されていた。そして選挙権年齢が18歳に引き下げられる最初の選挙を迎える前年でした。

さらに、野党統一候補一本化に共産党が初めて同意した時期です。それまで全選挙区に候補者を立て結果として野党共倒れを起こしてきた共産党が初めて野党統一候補を一本化することに同意し共産党が自民党の脅威となっていました。

その時期に、なぜか「安保法制賛成」「共産党反対」「憲法改正賛成」そして「安倍政権支持」を謳う学生グループが全国で活動を始めた。さらに、ある疑念が浮かびます。最初にユナイトが渋谷で大規模なデモを行った5月末、テレビ東京が「保守派の大学生が憲法改正支持デモ」と報道したのですが、それを引用する形で自民党のネットメディア局長などを歴任した平井卓也氏が自分のFacebookで「このようなデモはあまり報道されませんが、学生はシールズというイメージは間違いです」と投稿したのです。

「何か変だぞ」と感じ「ユナイトの結成や活動には政権の意向が働いているのではないか」と調査を始めたところ、ユナイトの街宣現場では国際勝共連合の遊説隊長が仕切っていて、ユナイトメンバーは全員2世信者。全国各地で2世信者にユナイト研修が行われ、遊説現場には教団幹部たちの姿がありました。そして、ついに正体が判明します。

最初にユナイトが全国一斉遊説を行った6月12日の前日の教団内部メールを入手したのです。そこには「明日、エイトが来るかもしれない」とありました。当日のメールには「エイトが出没しました」と書いてありました。人を熊扱いしていますよね（笑）。

重要なのは以下の箇所です。

「以下はユナイトと勝共連合についての関係です。外的には2つの看板を背負っての活動です」

外に向けてはユナイトと勝共連合と2つの看板を背負っているということですが、別に勝共連合の下部組織であっても何の問題もないはずです。では、なぜ外に向けてユナイトと勝共連合という2つの看板を背負う必要があるのか。

保守派の大学生たちが自主的に安倍政権を支持しているという状況を欲していた人がいることになります。それは誰なのか。当然安倍政権ということになりますよね。ユナイトは政権の紐付きの団体ではないのかと『週刊朝日』に書きました。

私が正体を暴いたことで、ユナイトはほぼこの1年で活動をやめています。その後は年に1回、憲法改正イベントを開く程度でした。写真⑦がその年の12月にユナイトが渋谷で行ったデモです。この時に、集合写真を撮った後にお菓子が配られました。段ボールで2箱ぐらいのエクレアでした。その際に「OBからの差し入れです」とアナウンスがあったのですが、なぜ結成初年の団体にＯＢがいるのかと。やっぱり詰めが甘いですよね。

資料③はその半年前の街宣の際に配られていたチラシです。『女子高生にもわかる憲法改正？』とあります。これが『高校生にもわかる憲法改正？』ならまだ解るのですが、なぜここに『女子』を付ける必要があるのか、女性蔑視の組織だということが判ります。

写真⑦　2016 年 12 月渋谷デモ
翌年「勝共UNITE」に名称変更

資料③　女性蔑視チラシ
「女子高生にもわかる憲法改正？」

参院選での策動

２０１６年がどういう時期だったかというと、２度目の参院選。この時にやはり清和会準会員の宮島喜文氏に教団の組織票が差配されています。この時、宮島氏の事務所に取材すると、秘書が「まったく統一教会とは関係ありません。支援なんて受けてません」と答えていました。

この時期、安倍首相が首相官邸に教団幹部の徳野英治会長と韓国人総会長夫人を招待していたという情報を得ました。

教団の２０１６年の内部資料には中立的・好意的な報道が増え批判的な報道が減っているとあります。教団のロードマップでは２０２０年には「国民の宗教」になっています。

議員連合

２０１６年から教団は世界平和国会議員連合を全世界で展開します。11月17日には衆議院会館国際会議場で自民党を中心とした国会議員、秘書を含むと１００人以上が参加しました。

７月のネパールでのキックオフ大会には山本朋広氏が参加し、ＳＮＳに「どこへ行かされるやら」と投稿しています。つまり自分の意思では行っていない。では誰の指示なのかということになります。

翌2017年2月の韓国での総会では安倍政権で国家公安委員長、菅政権で総務大臣になる武田良太氏も参加しています。

5月には、教団の北米会長一行が日本ツアーをしています。自民党本部を訪ねて当時の高村正彦副総裁らと会談をしています。この時のことを北米会長が韓国で韓鶴子総裁に「菅義偉官房長官が私どもを首相官邸に招待してくださいました」と報告しました。

首相官邸ツートップの安倍さんと菅さんがカルト団体の教団幹部を首相官邸に招待していたことになります。

次に、皆さんご存知のマザームーン・山本朋広氏と宮島喜文氏が有明1万人信者大会に来賓参加しました。宮島氏は前の年に私の取材に対して選挙支援を否定しておきながら、この時の挨拶では「皆様のおかげで当選させていただきました」と挨拶してました。

山本氏に至っては、「実の母親にも渡したことのない特大のカーネーションをマザームーンに贈呈した」とスピーチしました。

有明大会の祝勝会には北村経夫氏も参加しています。教団イベントに来賓参加する政治家は広告塔ではなく内部統制の手段として使われてきました。

7月には、統一教会幹部が自民党の国会議員団をアメリカでの外遊に引率しています。

この時に、いろんな自民党の国会議員に取材をしたのですが、「鈴木エイトさんには回答しないことになりました」という反応があり、あたかも自民党として「鈴木エイトには答えないように」というお触れが回っているような状況がありました。

弁護士団体からの指摘も…

この時期、全国弁連は緊急院内集会を参院議員会館で開き、統一教会と関係を持たないよう全国会議員事務所へ申し入れをしました。にもかかわらず、直後の教団イベントに大勢の国会議員が参加しています。その後も続々と教団イベントに国会議員たちが参加しました。

勝共連合

2018年10月の勝共連合の50周年記念式典では参加する議員をチェックするためにホテルの宴会フロアで張り込みしました。教団関係者がマンツーマンで張り付いて、私に議員の写真を撮らせないようにしてきました。こういう形で孤独な戦いを続けていた軌跡を『ハーバー・ビジネス・オンライン』という扶桑社のウェブメディアで連載を始めました。

勝共連合は全国的に何をやってきたか。勝共連合はダミー団体などを使って家庭教育支援法の制定への工作をやっています。とくに2010年代後半、全国の地方議会で展開したのが家庭教育支援法の制定の陳情であるとか請願を採択して国会に上げるというもの。ネットで確認できる限り、文面がまったく一緒なのです。川崎市議会では自民党市議団が出しているのも、ほぼ同じ文面でした。

日本会議のコアメンバーとも統一教会は人的交流があります。

反ジェンダーの運動の中では2015年に渋谷区でパートナーシップ条例が制定される時に「渋谷を守る家庭の会」などのダミー組織を作って反対署名運動を展開していました。

反日思想と殺人予告

2018年には、安倍政権と蜜月を築いておきながらその裏で韓鶴子総裁が日本人幹部に対して安倍首相は屈服と教育の対象だと指示しています。さらに国会議員への原理教育セミナーを受けさせせてたことを示す画像が流出しています。

そして2019年7月の参院選を迎えます。北村経夫氏の二度目の選挙の際、大宮の市民ホールでの演説会に行くと統一教会信者が大量動員され演説会場を教団関係者が仕切っていました。

その年の秋、青年信者を選挙運動員として政治家へ斡旋する会合があるという情報を得て都内のホテルへ取材に行ったところ、『平和大使と地方議員の集い』という会合が開かれており、自民党の国会議員も参加していました。そこに北村氏の大宮での演説会を仕切っていた教団関係者がいました。その時にこの人物からこう殺害予告を受けました。

「そういえば、私にそっくりな知り合いがこう言っていました。『あの隠し撮り野郎、今度会ったらブッ殺す！』」

この時の参院選では萩生田光一氏に直撃取材をしています。萩生田氏に勝共連合の話を振ったら世界平和女性連合や統一教会本体の話で返してきました。昨年、萩生田氏は世界平和女性連合が教団の関連団体だという認識について「名称は非常に似てますので、そういう思いはあったが、あえて触れなかった」と答えてましたが、すべて同じ組織だとご存じでした。この時の取材の音声を公開したところ、萩生田氏はかなり怒っていたらしく「鈴木何某だけは許さない」と言っていたそうです。

２０１９年９月にも全国弁連は全国会議員に二度目の申し入れをしましたが、それを無視する形で直後の４万人集会などに多くの国会議員が参加しました。この時は地方議員が30組以上参加し合同結婚式まで受けています。

直撃取材

私は疑惑の政治家への直撃取材を行ってきました。ＦＡＸでの質問などは大体無視されるため選挙の期間中などに直撃取材を試みました。

2017年の衆院選の際に山本朋広氏を直撃したところ、警察を呼ばれ選挙自由妨害で逮捕されそうになりました。

菅原一秀氏も同年のユナイトの憲法改正イベントで2世信者を激励していたことから、継続して追及してきました。最初は答えてくれていたのが途中から完全に無視され、居留守を使われるようになりました。そこで藤倉さんと事務所に直接訪ねて行ったところ秘書から「中でお待ちください」と言われて応接コーリーで待っていたら、警察を呼ばれたうえに建造物侵入で刑事告訴されました。

その後も朝、駅頭を行う菅原氏を直撃すると口元からマイクを外して私の本名と住所を連呼したあと「早く家に帰った方がいい」と言われました。

私の取材手法は、大きなパズルのピースを埋める作業だと思っています。

政治家と金①

2020年2月、教団は韓国で大規模な「ワールドサミット」を開きました。日本から元参院議長など有力な元国会議員などが参加しています。ドナルド・トランプ、文在寅、金正恩からメッセージも来ていたのですが、注目は潘基文《バンキブン》元国連事務総長です。教団から鮮鶴平和賞として5000万円を授与されています。

UPFや世界女性連合が国連NGOの資格をなぜか取得していますが、背景にはこういう人の存在があるのではないかとみています。

6月には衆議院議員会館でも、別の統一教会系議員連合が作られ自民党の国会議員が30人以上参加しています。教団の策略は地方議員から国会議員を育て上げることです。後援会を作って運動員を派遣し選挙応援、党員補充までします。

苦境、ビデオメッセージ

そんななか、唯一の連載を持っていた『ハーバー・ビジネス・オンライン』が配信停止になり、記事を書く場がなくなりました。でもこの問題や2世問題を世に問いたいと思い複数の出版社に書籍の企画を持ち込んだのですが、「統一教会なんて旬じゃない」「政治家はすぐ失脚するから」「宗教系の2世だけだとインパクトが弱い」などいろんな理由で出版には至りませんでした。

それならノンフィクションの賞に応募して大賞を取れば出版できると思ったのですが、最終選考にも残らないような状況でした。穢れた関係を世に問えないまま政界汚染が進んでいった中で起こったのが2021年9月、安倍晋三氏によるUPF集会へのビデオメッセージ出演でした。私にとってはものすごい衝撃でした。安倍さんと統一教会の関係は知っていたので、こういうこと自体は当然あり得ると思いましたが、安倍さんが統一教会との関係を隠さなくてもよい、自分の選挙や政治生命、自民党の選挙には何の影響もないだろうと高を括ったことに衝撃を受けました。多くの元統一教会2世たちに訊くと、この映像を見た時の衝撃、絶望感は言語化できないくらいほど強いものであり、怒りという言葉では表せないものだったと言ってました。同じように山上徹也被告も深い絶望を感じたと思います。

ただ実際、この時の安倍さんの読みは政治家として正しかったのです。このビデオメッセージの一件を報じたのはわずか4媒体「しんぶん赤旗」「週刊ポスト」「週刊FRIDAY」「実話BUNKA超タブー」だけでした。大手新聞、メディアはニュースバリューがないと判断し無視しました。

全国弁連は公開質問書を安倍事務所に送付しましたが、安倍氏の国会事務所は受け取りを拒否しました。開き直ったということになります。

「文化共産主義」

勝共連合は1990年代前半の東西冷戦の終結で存在意義がなくなった際に、こういうジェンダーや男女共同参画の運動や今で言うLGBTQなども共産主義であり「文化共産主義」だとして、こういうものに反対する保守派の政治家にうまく取り入ってきました

憲法改正大会で偏った思想を背景にしたスピーチを行い、昭和的な勝共青年歌を歌わされていた現役の2世たちも被害者だと思っています。

宗教右派による策動というのは、統一教会だけではなく日本会議や神社本庁などと連動してやっている面もあります。ただ「性」が絡んでくると統一教会がやたらと口を出してくるというところが特徴です。

政教分離は宗教団体の政治活動を制限するものではなく、統一教会に関しては反社会的な問題を起こしてきた団体が政界へ侵食をしてきたことが問題視されています。

安倍元首相銃撃事件

2022年7月8日の事件がすべてを変えました。

社会に顕在化したのが教団の悪質性です。金銭被害がまだ続いていたこと、深刻な家庭崩壊。政治家との関係。

メディアの監視機能が働いていなかったということです。2006年くらいまでは報道されていた。それ以降は教団のクレームはあるのですが、それよりはメディアの側が「こういう面倒くさい団体を扱うとクレームが来るだろう」「同じくらいのニュースバリューなら面倒なものは扱わないでおこう」ということで、メディア側が自主規制をしてきた傾向があります。そして「空白の20年・30年」が生まれました。

ただし、去年の事件を契機に健全なジャーナリズムが復活してきていると感じています。教団は複数のメディアに対して著作権侵害で抗議したり訴訟を起こすなどメディアコントロールを図ってきました。政治家に対しても、メディアへ情報をリークして政治家コントロールを図ろうとしている節もあります。

抱いた危機感

2022年の銃撃事件直後のメディア報道には、かなり危機感を抱いていました。事件直近の9年間の安倍晋三という政治家と統一教会との関係を追ってきたのは私だけということもあって、その関係性を語れる人が誰もいなかったのです。

岸信介元首相と文鮮明教祖の関係からいきなり2021年のビデオメッセージへ飛び、誤った言説、短絡的な報道が続いていました。

当然、メディアからのデータ提供の依頼はあったのですが、それも自分で抱え込まずにオープンソース的にどんどんデータや集計した一覧を作り渡してきました。

報道番組においても一部のコメンテーターの発言がちょっと酷すぎるということで、私は自分を売り込むためのハッシュタグ「#鈴木エイトを出せ」を作り、ツイッターで拡散させました。自分が有名になりたいといった売名行為などではなく、ちゃんとした正しい情報を発信すべきだという思いからでした。

ただ、当初はメディア側も様子を見ていたそうです。郷原信郎弁護士のＹｏｕＴｕｂｅチャンネルへ7月下旬に出演したことで、「系統立てて話すことができる人物」との評価を受けました。その後「報道特集」「サンデーステーション」のインタビュー取材があり、「ミヤネ屋」「サンデージャポン」に生出演をさせていただくようになったという流れです。

教団の圧力に屈しない姿勢から、報道番組だけではなくワイドショーやバラエティ番組にもジャーナリズムが根付いていると感じました。

何も解決していない

２０２２年12月に不当寄付勧誘防止法が成立し、厚労省の宗教的虐待に関するガイドラインも出され、被害者救済と2世問題には一定の進展がありました。だが、政界と統一教会の関係についてはほとんど解明されていません。

教団内部資料を見ると、選挙に直接関与しようとしていたり、具体的な政治家への対策が記されています。

自民党は２０２２年8月に党内の現役国会議員への自己申告制点検を行いましたが、非常にゆるいものでした。２０２３年４月の統一地方選でも争点になったとは言えず、多数の信者議員が当選しています。

山際大志郎氏や山本朋広氏などは受け答えや反応が面白いのでメディアが取り上げやすいのですが、本来はこういう人たちを教団イベントに派遣していた側である大物政治家を追及すべきです。

とくにひどいのは、亡くなった安倍氏にすべて押し付けているような発言をしている大物政治家たちがいることです。安倍氏は亡くなった後も教団イベントに写真が使われているなど、今も教団に利用されています。

萩生田光一氏に至っては人違い説を展開しています。市議会議員時代から教団施設に通っていたのは自分にそっくりな市議会議員であり、メディアは勘違いしているというものです。

自民党は簡易な自己申告制点検で幕引きを図りました。これが去年の自民党の点検です。１枚目に「党として組織的な関係がないことは確認済みであります」とあり、足枷をしています。点検項目の8項目、一番重いものでも「選挙支援」なんですね。「秘書を登用しているか」「誰の指示で統一教会のイベントに参加をしたのか」など、本来の調査であれば訊くべきことを一切確認していない。足枷をした上に枠を決めている非常に緩い「点検」でした。

資料④は赤報隊事件の時の兵庫県警捜査一課の資料です。「自民党本部職員に10人前後の勝

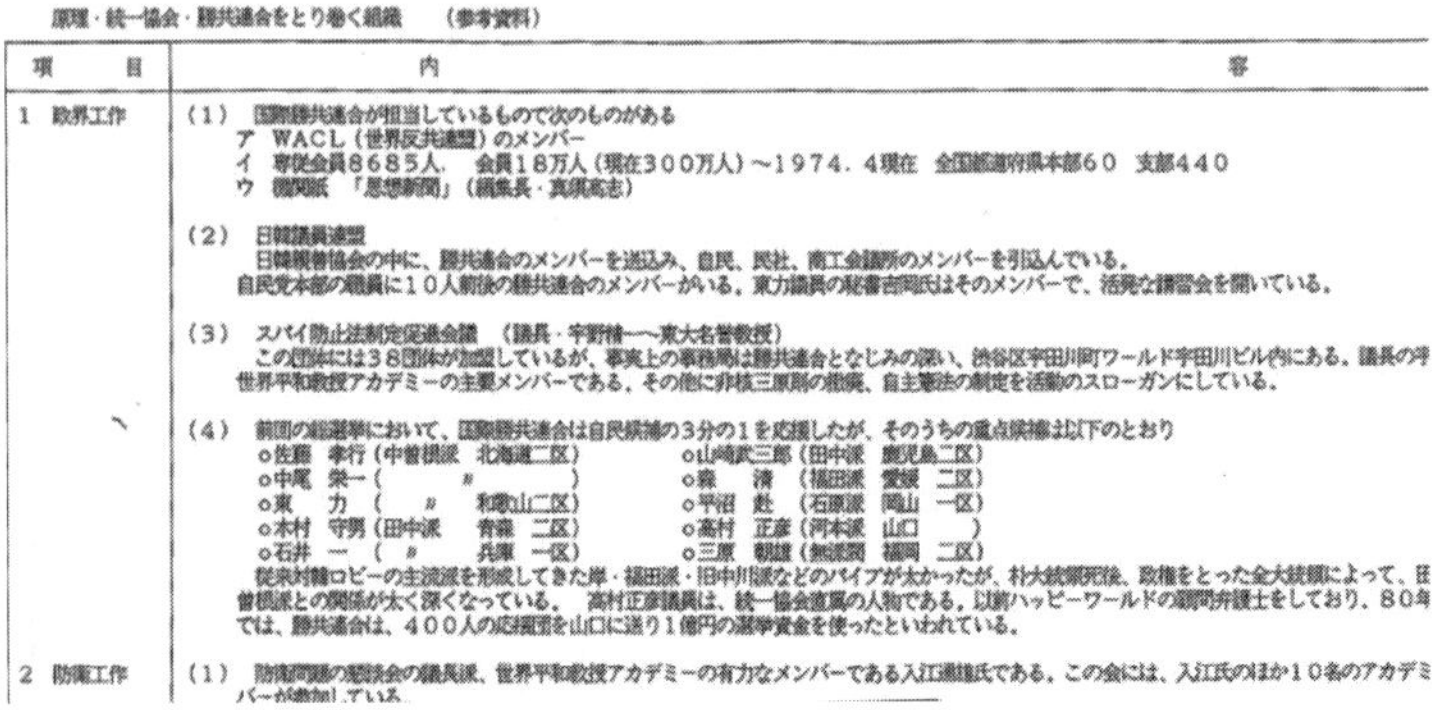

原理・統一協会・勝共連合をとり巻く組織　（参考資料）

項　　目	内　　　　容
1 政界工作	（1）国際勝共連合が担当しているもので次のものがある ア WACL（世界反共連盟）のメンバー イ 専従会員8685人、会員18万人（現在300万人）〜1974．4現在 全国都道府県本部60 支部440 ウ 機関紙「思想新聞」（編集長・真鍋[illegible]） （2）日韓議員連盟 日韓親善協会の中に、勝共連合のメンバーを送込み、自民、民社、商工会議所のメンバーを引込んでいる。 自民党本部の職員に10人前後の勝共連合のメンバーがいる。東力議員の秘書吉岡氏はそのメンバーで、活発な講習会を開いている。 （3）スパイ防止法制定促進会議（議長・宇野精一〜東大名誉教授） この団体には38団体が加盟しているが、事実上の事務局は勝共連合となじみの深い、渋谷区宇田川町ワールド宇田川ビル内にある。議長の宇 世界平和教授アカデミーの主要メンバーである、その他に非核三原則の撤廃、自主憲法の制定を活動のスローガンにしている。 （4）前回の総選挙において、国際勝共連合は自民候補の3分の1を応援したが、そのうちの重点候補は以下のとおり o佐藤 孝行（中曽根派 北海道二区）　o山崎武三郎（田中派 鹿児島二区） o中尾 栄一（ 〃 ）　o森 清（福田派 愛媛 二区） o東 力（ 〃 和歌山二区）　o平沼 赳（石原派 岡山 一区） o木村 守男（田中派 青森 二区）　o高村 正彦（河本派 山口 ） o石井 一（ 〃 兵庫 一区）　o三原 朝雄（無派閥 福岡 二区） 従来対韓ロビーの主流派を形成してきた岸・福田派・旧中川派などのパイプが太かったが、朴大統領死後、政権をとった全大統領によって、田 曽根派との関係が太く深くなっている。　高村正彦議員は、統一協会直系の人物である。以前ハッピーワールドの顧問弁護士をしており、80年 では、勝共連合は、400人の応援団を山口に送り1億円の選挙資金を使ったといわれている。
2 防衛工作	（1）防衛問題の懇談会の議長派、世界平和教授アカデミーの有力なメンバーである入江通雄氏である。この会には、入江氏のほか10名のアカデミ バーが参加している。

資料④　赤報隊事件の時の兵庫県警捜査一課の資料

共連合メンバーがいる」との記述があります。これもメディアは追及できていません。

教団2世信者間のSNSをチェックすると、国会議員や秘書に教団信者がいることが読み取れます。

その辺りのことをちゃんと調査はしたのか、自民党の点検において「組織的な関係がないことを確認済み」とあるが、どうやって確認したのかなどについて茂木幹事長に質問書を送ったのですが、型通りの簡単な回答しか返ってきませんでした。

回答が返ってきたわけでも、まだマシです。二階幹事長時代にも何度もＦＡＸで質問状を出しましたが返信はなく、ある程度私が有名になったことで茂木幹事長も無視できなかったのかなと思います。

政治家と金②

あと焦点となるのは、お金の問題です。統一教会からフロント組織などを経由して政治家にお金が渡っているのではないか。教団の内部資料にある対策費などの金額はどこに使われたのかということです。

アメリカではトランプ前大統領に3億円、マイク・ペンス前副大統領に6000万円が教団サイドから支払われているということが報道されています。

日本では、鳩山由紀夫氏が総理大臣時代に教団のイベントに参加を打診されて断ったところ教団側から「いくらでも出す」と言われたそうです。

政治家に相当なお金が渡っているのではないかということが伺えます。

逃げの姿勢

岸田総裁がずるいのは、未来の話しかしないところです。過去50年以上培ってきた関係はそんな簡単には切れず、過去の検証をしないまま関係を絶つことは不可能だと思います。実際に関係を断つのであれば過去の関係を検証しなければならないことは明白です。

地方議員の中にも相当数の信者議員が存在し、自民系候補者の陣営に教団関係者がいたことも4月の統一地方選の際に現地で確認しています。

また、教団の伝道数は入手した内部資料から、2022年12月の時点で事件前と比較して同じくらいの結果になっており、事件前の水準に戻っています。

2023年に入っても先祖解怨などで韓国に渡る信者に、お金を運ばせようとしているのではないかと指摘されています。

被害者アピール

教団は全国弁連からの集団交渉に応じず、献金は自由意思だと主張しています。悪質な一部の信者などは逆に被害者や弁護士への誹謗中傷を行っています。

教団は改革を進めていると主張していますが口先だけで、報道による被害・偏向報道、宗教迫害・宗教へイトだと主張し、「教団側が被害者だ」とアピールしています。

2023年6月には、韓鶴子総裁の反日発言が漏洩しました。「日本は韓国に賠償しなければならない」「日本の政治家は何をやっているんだ。岸田をここに呼びつけて教育を受けさせなさい」と日本の幹部へ指示しました。

さらに、韓鶴子派、つまり教団本体は分派である三男派との複数の裁判闘争で、いずれも敗訴が確定し約1000億円の債務を背負っているといわれています。日本から継続して収奪するお金がないと成り立たない組織なのですが、その日本で解散命令請求が進んでいることから相当な焦りが見えます。

事件から1年

事件から1年のタイミングで奈良の事件現場の取材に行きました。献花台が設置されていたのですが、献花を終えた人の中から私の姿を見て「何しに来たんや、帰れ！」という声も飛びました。私のスタンスがまだ一部の人には理解されていないようです。

解散命令請求

解散命令請求を判断するための報告徴収質問権が7回行使されましたが、教団の回答が不誠実なため過料の通知が裁判所に出されました。

そのタイミングで教団側が会見を開いたのですが、国への敵対姿勢を露わにしています。

解散命令の確定までには1年から数年かかると見ていて、「組織性」「悪質性」「継続性」が焦点となります。これはもう十分に満たしていると思います。解散命令が確定しても任意団体としては継続可能です。

解散命令が高裁で確定した段階で清算人が選任されますが、その段階で財産保全がなされていないと、海外や関連団体に資産を散逸されてしまう可能性があります。会社法では解散命令請求と同時に裁判所の判断で財産保全がなされますが、宗教法人法にはないため特別措置法で財産保全の法制が必要ではないかという議論がなされています。

ネガティブキャンペーン

教団は著作権侵害を訴えたり、地方議会や地方自治体を提訴することも行っています。関連団体が弁護士団体を訴えたりしています。私に対しては「鈴木エイト・ネガティブキャンペーン」ですね。これを長年教団がやっています。２０１７年には教団が「鈴木エイトはフェイクニュースを書く人間だ」というプレスリリースを出しています。

２０２２年には怪文書「ハゲタカジャーナリスト鈴木エイト」が永田町に出回りました。「０８０１対策案」という教団内部部文書もあります。「エイト対策」らしいのですが、それなら「８」だけでいいと思いますが（笑）。

直近だと私や全国弁連の紀藤正樹弁護士や元2世の小川さゆりさんなど、教団にとって都合の悪い発信をしている人を標的にしてネガティブキャンペーンを展開しています。資料⑤は２０２３年8月の教団ＨＰのニュース一覧ですが、半分ぐらいに私のことが書いてあります。

政治家の役割とは

「宗教と政治の問題」ではなく「宗教カルトと政治の問題」です。政治家はこういう反社会的な団体と関わってはならず、そういう団体をどうやって規制して被害を防ぎ被害者救済をす

HOME > ニュース
世界平和統一家庭連合　結婚と家庭　家庭連合とは　入会案内　お問い合わせ　お知らせ　ログイン

ニュース
NEWS

ニュース一覧

新着情報	HEADLINE	プレスリリース

2023.08.08 プレスリリース 教会改革に関するアンケートを実施しました
2023.08.07 プレスリリース 鈴木エイト氏の当法人と安倍元首相への虚偽の発言に対して、抗議文を送付しました
2023.08.06 新着情報 2023年8月6日（日）緊急特別シンポジウムのご案内
2023.08.04 プレスリリース 『家庭連合信者に人権はないのか』出版記念シンポジウムのダイジェスト映像が公開されました
2023.08.03 プレスリリース 「全国統一教会被害対策弁護団」の集団交渉および民事調停申立てに対する　当法人の適切な対応の事実
2023.08.02 プレスリリース 「信者の人権を守る二世の会」第3回公開シンポジウムにおける　鈴木エイト氏「どうでもいい」発言について
2023.07.31 プレスリリース 国士舘大学の申入書に対する回答書を送付

資料⑤　統一教会のHPニュース一覧に筆者を名指しの記事が並ぶ

るのかが政治家の役割であるはずです。しかしながら、そんな団体と連携し体制保護に寄与してきたのが政治家たちです。安倍さんにとっても、軽視していた団体との関係が結果として被害者無視につながり、それがあの事件につながったということは皮肉な流れだったと思います。

人権問題

メディアについては勇気ある告発者の保護が重要です。2世問題、ジャニー喜多川問題もそうですが、いかにして告発した人を守っていくのか。ほかには差別問題も絡んでくるので、現役の信者や2世信者たちへの偏見が生れないよう同時に主張していくべきだと思います。

ジャニー喜多川の性加害問題については5年前にツイートしているのですが「性加害」ではなく「同性愛行為」と書いており、私の認識もまだ甘かったことになります。

調査報告の重要性

オウム真理教の一連の事件の後に省庁連絡会議ができて各分野の専門家を呼び報告書が作成されています。宗教の問題ではなくカルト問題との前提のうえで様々な観点からの提言がまとめられています。この報告書、いまどこにあると思いますか？　実は国立公文書館にしまい込まれていて、まったく後世に活かされていません。

日本の憲政史上最長期間首相を務めた人物が亡くなるような事件に発展した問題です。アメリカではフレイザー報告書というものが作成されています。ここにはＫＣＩＡと韓国政府が統一教会を使ったアメリカでの政界工作が検証されています。日本でも第三者機関や国会の調査権などを発動し、包括的な調査報告が必要だと思います。そして日本版反カルト法、カルトと政治家の関係を規制するような法制度への議論を深めてほしいところです。

政策決定への影響、民主主義は歪められたのか、カルト団体の影響を排除し癒着関係を解消して健全な政治活動ができるのか、疑惑の徹底解明が必要だと思います。

山上徹也被告の公判

山上徹也被告の裁判については、公判が始まるのがおそらく来年後半になると思います。裁判員裁判なのでどちらに転ぶか、正直判らない。前代未聞の裁判になると思います。

事件の9日前に彼とメッセージのやりとりをしていたということを、私の本で詳しく書きました。

彼からのメッセージの意図は、2022年7月10日に行われる教団イベントに誰が来るのか知りたかったようです。だが、彼からのメッセージの文面で一番重要なのは、彼が私の書いていた記事をずっと読んでいたということが判ったことです。彼が安倍晋三という人物をターゲットにした根拠、担保となったのは私の記事だったということになります。事件への最後のトリガーになったのは安倍氏のビデオメッセージだと思われますが、そこに至るまでの経緯として私の書いてきた記事の確度が問われる事態になるでしょう。私は自分の書いてきた記事の責任をちゃんと取ろうと思っています。「責任を感じる」と言うことは誰でもできますが、私の責任の取り方というのは、裁判に関わっていくことだと思っています。これは彼の減刑のためではなく、自分が書いた記事を読者に伝えることと同様に、少なくとも裁判員に対して彼が動機面で安倍晋三氏と教団との関係をどう捉えていたかということを正確に伝え、理解してもらったうえで審議されるべきだと思うからです。それが私の責任の取り方だと思っています。

モチベーションと継続性

私がどうやって教団との戦いを継続してきたのかというと、問題だと思うことについて、自分にできることをやってきただけです。最初の勧誘阻止活動もそうですが、自分にできることを続けてきました。逆に言うと自分にしかできないことを継続してきたことになります。

ほかには、まずデータをいかに蓄積するか、ファクトの重要性です。講演を聴いた皆さんはよく判ると思いますが、私はそこまでストイックではないです。ある程度、楽しみながら取材してきました。『やや日刊カルト新聞』独自の報道スタイルも深刻な問題をいかに社会に伝えるかにあたり、て深刻な問題をただ深刻に報じてもニッチな話題は伝わらないからです。

メディアの役割

メディアを含めてチームジャパン的に健全なスクープ合戦が展開されたことは非常に良かったと思います。本当はああいう事件が起こる前にちゃんと検証されるべきだったと思っています。メディアの矜持を見せる時です。いかに権力へ屈することなく適正な報道ができるか、メディアの役割は権力の監視と国民の知る権利に応えることです。

２０２２年の安倍元首相銃撃事件後の報道で多くの人が悟ったのは、社会的弱者、声すら挙げられない被害者がほかの社会問題でも、まだまだいるのではないかということです。

カルト問題は人権問題なので、メディアには役割を果たしてほしい。私が言論活動を続けるのは、不幸な事件で哀しい思いをする人がこれ以上出ないように、再発防止のためです。

「思う壺」論のおかしさ

２０２３年4月15日、和歌山で岸田首相に対する爆破事件があり、おかしな論調が展開しました。いわゆる「犯人の思う壺」論です。

これはメディアの調査報道を否定するものです。とくに政治家がこれを言い出す時は都合の悪い報道を抑える目的も想定できるため、注意が必要です。政治家がこの珍説を唱えていることの危険性を感じてほしいと思います。

朝の情報番組で社会学者の古市憲寿氏が「一部で容疑者を英雄視する報道があった」と発言し、橋本徹氏も「山上の行動によって国が動いてしまった」と言ってました。これについて私はきっちり反論しました。そんな報道も見たことがないし、山上の犯行の前に国が動かなければならなかった。実際に法律ができたのは、元２世たちがロビー活動と陳情を重ねてようやく法制化に漕ぎつけたいうことなのです。まだまだ的外れな発言をするコメンテーターがいっぱいいるので適宜指摘していこうと思ってます。

読売新聞も社説で「犯人に同様するような論調が出て警備の強化の議論が進められなかった」との珍論を展開していました。これは、ある意味でメディアの自殺だと思います。

国民主権、有権者は何をすべきか

最後に国民、有権者は何をなすべきかということを話します。主権者は国民です。政治家はどこを見て政治活動をしているのか、一部の偏った思想を持つ支援者しか見ていないのではないか。投票率が低いままでは、こういう偏った支持層やカルト団体が影響を及ぼしやすくなります。

民意が反映されないような法整備が近年どんどん進んでいます。入管法やLGBTQ関連法もそうです。いかに投票率を上げることで民意を反映していくか。そこがさらに問われていると思います。以上になります。

質疑応答について

質疑応答ではまず韓鶴子総裁の発言内容から、教団の反日思想や韓国への償いの刷り込みについての質問がありました。

これにはマインドコントロールなしには刷り込みはできないことを答えました。教化過程の初期段階から日本が韓国に過去に酷いことをしてきたと刷り込んでいき、償わなければならないというスティグマを背負わせます。日本の幹部たちも含めて刷り込まれているため、普通の法律が通用しない構造になっています。

次に2022年から23年へと年をまたいだことによって、関係が指摘された政治家も問題追及が終わり安心して議員を続けているような印象、報道が減ったと感じることについての質問が出ました。

2022年12月に成立し23年年明けに施行された不当寄付勧誘防止法によって、一段落ついた印象は世論にもありました。実際には、教団と政治家の問題は何も解明されておらず解決には程遠いです。また、指摘したのは政治家の協力と追及のバランスです。法律の制定には与党の政治家の協力が欠かせないことから、「統一教会と関係を持った議員への追及を控えるべきではないか」といった意見もあります。これは誤りであり、そんな政治家に遠慮する必要はなく、当該政治家をしっかり追及しつつ、その政治家にしっかり仕事をさせることが重要です。そのすべてを有権者に提示して次の選挙で投票判断を仰げばいいだけの話です。

そして社会問題の報道のスパンは平均3か月であり、継続して統一教会問題が報じられていることは好材料であること、一方でほとんど報じないメディアもあることも指摘しました。空白の数十年によって問題が複雑化・長期化することになったことの反省を持ち続けてくれるメディア関係者が一人でもいる以上、希望を持ちたいと思い指摘しました。

最後の質問は私自身の危険についてでした。特に命を狙われるといった直接的なもの、ほかにも夜眠れないといったことはないかといったメンタル面、精神面に関するものでした。

安全面を気遣っていただけるのは、ありがたいことです。ただ、私自身は「少しその面は多分麻痺している」と回答しました。21年前にカルト問題に関わった時から脅されたり身辺を探られたり尾行されたりということは多々ありました。

教団関係者の尾行の描さについて説明し、警察に突き出したエピソードも披露しました。自宅が特定されることは家族の安全にも影響があるので、警戒はしています。また、どちらかというと去年の事件の後に政治家の関係が多々出てきた時には気をつけるようになりました。私の情報で政治生命が絶たれるような政治家にとっては私の存在自体が邪魔になるでしょう。駅のホームで一番前に立たないとか、自殺や事故に見せかけて殺されることがないよう注意はしています。基本的にメンタル的に落ち込むことはほぼないため、「もし私の自殺報道が出たら消されたと思ってください」と言いました。

そのほか、調査報道の手法やデータの蓄積について、また単独で長年続けてきたことへの評価もいただきました。私にとっても大変有意義な講義になりました。ありがとうございました。

武蔵大学で私の講義が行われるに際し、事前に複数の教団関係者から私の登壇を阻止すべく執拗な妨害工作がありました。そんな不当な圧力に屈せず講義を開いてくれた武蔵大学の関係者の方々に感謝します。言論封殺を目論む勢力に屈することなく闘い、言論活動を続けていく決意を新たにした講義でした。

第3章

人権の不在――出入国管理の闇

阿部 浩己

２０２３年は出入国管理及び難民認定法（入管法）の改定が関心を集める年となりました。審議の過程で様々な議論が展開されましたので、皆さんの中にも、様々な疑問やご意見をお持ちの方がおられるのではないかと思います。私自身、日本の難民認定手続きの中で、難民審査員としての仕事を10年間務めてきて、肌感覚として覚えている問題点があります。そういうことを今日はお話ししていきます。

1　国家と人間の結びつき

私たちは、生まれながらに必ずどこかの国と結びついているというのが、国際社会の制度設計です。国と結びついているということは、その国の国籍を持っているということであり、そして国籍を持っているということはその国の保護を受けるということです。しかし、生まれながらにどの国の国籍を持つのかは、自分の意思で決められるものではありません。

各国は、自国の国籍をどういう人に与えるのかを、法律で決めています。世界的に見ると、国籍を与えるやり方には二通りあります。一つは自分の国で生まれた人に国籍を与える生地主義というやり方です。アメリカやカナダがそうです。それに対して、親の国籍を継承していく血統主義を採用している国もあって、日本がそうです。だから、日本で生まれたから日本国籍

I　国家と人間の結びつき

- 私たちが生きている「国際社会」の仕組み
  - ・国家（２００ほど）の存在
  - ・人間は生まれながらに、どこかの国とつながり、その国の保護を受ける
    （ことになっている）
    ←国家と人間を法的に結びつけるもの：国籍

- 人間は、どの国と、生まれながらに結びつくのか・・・
  国によって結びつけ方が違う
  - ・生まれた場所による：生地主義　（米国やカナダなど）
  - ・親の国籍による：血統主義　（日本や韓国など）

をとれるのではなくて、親が日本国籍を持っているかどうかが重要になってくるわけです。

日本には、日本国籍を持っている国民と、日本国籍を持っていない外国人がいます。両者の間には様々な違いが出てくるわけですが、重大な違いは、出入国の場面において現れてきます。日本国籍を持っている人は、日本に住み続けることに許可がいりません。犯罪を行って刑務所に収監されることはあるでしょうが、日本から出ていけということはありません。外国に行ってまた戻ってくることも、権利として認められています。

ところが、外国人はまったく異なります。まず、日本に滞在することについて許可がいります。いったん日本の外に出てまた戻ってくる時も許可を得なければなりません。外国人は、日本に居続けるために、現在29種類ある在留資格のどれかを原則として持っていなければならず、在留資格がないとか、在留資格で決められたこと以外のこと

・国籍を持つことと、持たないこと：**出入国と在留における重大な違い**
  ・日本国籍を持つ人：日本居住、日本への帰国が「権利」として保障される
  ・日本国籍を持たない人：日本在留、日本への入・帰国には「許可」が必要
    ＊29種類の「在留資格」（学生の場合は「留学」が一般的）

  ＊出入国在留管理法による外国人管理（違反→退去を強制されることに）

◆　国民中心主義
  国民の権利保障を最も手厚くし、
  在留資格のない人の権利は保障しなくてもよい？

をやってしまうと、入管法違反として日本から追い出されることになってしまうのです。

このように、人間の処遇は国民中心になってきたわけです。国民であると様々な利益が自動的に保障されるけれど、そうでない人はかなり脆弱な状況に置かれてしまうということです。

今の日本の外国人法制の大元は、第二次世界大戦直後に作られました。まだ連合国に占領されていた時です。その時に勅令として外国人登録令と出入国管理令が作られました。後者の入管令は、入管法となって装いを変えながら21世紀の今に至るまで続いています。

ところで、日本における外国人とは一体誰なのでしょうか。外国人というと、外からやってくる人をイメージするでしょうが、日本における外国人は、長い間、外からやってきた人ではなかったのです。１９１０年に日本は朝鮮半島を植民地として併合します。それ以降、朝鮮半島出身者はすべて日本国籍を持つようになります。しかし戦後になって、サンフランシスコ平和条約が発効した１９５２年４月28日、在日韓国・朝鮮人らは一律に日本国籍を剥奪されるこ

◆日本による外国人の「管理」

「幕末から明治時代にかけて、時代の要請に応じ、出入国管理の制度がさまざまな形で作られていた」

・1947（昭和22）年：外国人登録令制定（1952年4月28日：外国人登録法として施行）
・1951（昭和26）年：出入国管理令制定（1981年：出入国管理及び難民認定法に）
・1952（昭和27）年：法務省入国管理局発足
＊長く、在日韓国・朝鮮人が主な対象。2010年に中国人が最大の外国人集団に。

＊外国人は「国際法上の原則から言うと、
「煮て食おうと焼いて食おうと自由」なのである。」
（法務省参事官・池上努『法的地位２００の質問』（京文社、1966年）167頁）
←「間違っておるというわけにもいきませんが・・・若干誇張して書いたもの」
（中川進入国管理局庁答弁・1969年7月2日第61国会衆議院法務委員会）

• 入管法違反：退去強制・・・全件収容主義→仮放免（権利保障なし）

となりました。最大の外国人集団が、ある日突然、日本の中で生まれたわけです。

その在日韓国・朝鮮人を管理するのが、日本における外国人法制の主たる目的になっていくのですが、法務省のある参事官によれば、外国人は「煮て食おうと焼いて食おうと自由」とされました。この考え方が、日本における外国人処遇の基本になってきました。

入管法に違反すると日本から追い出されることになりますが、追い出す前には必ず収容されます。追い出す先がないとか、どうしても帰れない人はずっと収容され続けることになります。健康を害したりすると、仮放免といって、一時的に収容を解かれることがありますが、権利保障が一切ありません。働くことはできず、住む場所もなく、人間としての生存を保障する条件がまったく

・国家には外国人の入国と在留を管理する権限が認められてきた

＊最高裁判所マクリーン事件判決（1978年10月4日）

「**国際慣習法上**、国家は外国人を受け入れる義務を負うものではなく、特別の条約がない限り、外国人を自国内に受け入れるかどうか、また、これを受け入れる場合にいかなる条件を付するかを、当該国家が自由に決定することができるものとされている・・・。したがって、**憲法上**、外国人は、わが国に**入国する自由を保障されているものでない**ことはもちろん、所論のように在留の権利ないし引き続き在留することを要求しうる権利を保障されているものでもないと解すべきである。・・・外国人に対する憲法の**基本的人権の保障は、右のような外国人在留制度の枠内で与えられているにすぎない**ものと解するのが相当」。

ない中に放り出されるのです。

どうしてこんなことが可能なのかというと、「外国人は煮て食おうと焼いて食おうと自由」だから、ということになります。実は、日本の最高裁判所が、そのことにお墨付きを与えているのです。１９７８年のマクリーン事件判決です。この判決が、行政府による外国人処遇の法的拠り所になってきました。国は、外国人を受け入れる義務を負うものではなく、外国人を受け入れるかどうか、また受け入れる場合にいかなる条件を課するかを自由に決定できる。そして、外国人は、日本が裁量で与えた在留制度の枠内でしか権利を持つことができない、というものです。

この判決は、外国人が「人間として」権利を持つ存在ではないという認識を示すものにほかなりません。その直接の根拠とされているのは国際法なんですが、外国人の入国・在留を規制する国家の権限が国際法上認められ

- **国家が外国人の入国と在留する権限を持っていると認識されるようになったのは19世紀の終わりから20世紀の中葉にかけてのこと**
  ←それまでは、外国人には入国の自由が認められていた
  （欧州、米国、ラテンアメリカで）
  ＊人の移動は、欧州から米国へ、あるいは、欧米から植民地へ…
  国境管理は不要

- **アジアから米国への移民が増えたことに伴い、外国人の入国と在留を管理する必要が生じ、第一次世界大戦と大恐慌を経て、国際慣習法になったのが実情**
  →国境管理権限は、人種的理由と戦争、経済危機をテコにして、20世紀中葉以降、近代国家の標準となった。
  ＊非欧米圏から欧米への人の移動・・・国境管理の要請が高まる

るようになったのは、20世紀に入ってからです。20世紀の初めから半ばにかけて、人種主義的思潮を背景に、安全保障と経済的な事情により、外国人の受入れは国家が自由に規制できるというルールができたのです。

ところが、外国人の受入れは規制できても、難民は別、というのが20世紀のルールでもありました。先ほど申し上げたとおり、人は生まれながらにどこかの国と結びついて、その国の保護を受けることになっています。しかし、難民は自分の国の保護を受けられず、ほかの国に逃げていく人たちです。だから、別の国が代わって保護しなければならないのです。

2　難民の受け入れ：国境管理の例外

難民だけは外国人の中でも特別に扱わなければいけないという認識は、第一次大戦後から広がっていくのです

Ⅱ 難民の受け入れ：国境管理の例外

- ２０世紀初頭までは外国への移動に特段の制約なし→単に避難し居住すればよい

- 第１次大戦後、大量のロシア難民が欧州に滞留
 →国際連盟、フリチョフ・ナンセン（ノルウェー）を難民高等弁務官に任命

- 第２次大戦後: 難民保護の３本柱が確立
 ・1948年 **世界人権宣言**14条1項
 「すべての者は、迫害からの庇護を他国に求め、かつ享受する権利を有する」
 ・1951年 **難民条約**採択（1967年に一部修正する難民議定書作成）
 ・1951年 **国連難民高等弁務官事務所（UNHCR）**設立

☛難民の保護が特定の国に不当に重い負担にならないように、国際協力を約束
（国家の保護を得られなくなった者なので、他国が代わって保護する
：代理保護surrogate protection）

が、今に至る難民の保護法制の礎ができたのは、第二次世界大戦後のことでした。この時に世界人権宣言（１９４８年）・難民条約（１９５１年）・国連難民高等弁務官事務所（ＵＮＨＣＲ、１９５１年）という難民保護の３本の柱が築かれます。

難民保護の理念の一つは、国際協力にあります。どこかの国だけが難民を受け入れることがないように、国際協力をしながら難民問題に向き合っていこうということです。どの国も自分の力に応じて難民保護に当たっていこうという精神です。

日本は、インドシナ難民という存在を通じて難民問題と本格的に向き合っていくことになります。ベトナム戦争が終わり、ベトナム、ラオス、カンボジアというインドシナ三国で新しい政権が誕生する状況になりました。この時の混乱の中で多くの人たちが、国外に逃れていくわけです。かなりの人たちはボートに乗っ

◆日本の難民受け入れ：「閣議了解」枠と条約難民

- 1978年からインドシナ難民を「閣議了解」で受け入れるようになる
  （受け入れ最終年の2005年末までに１万1139人に定住を許可）
  ＊2010年からミャンマー難民をタイ／マレーシアから受け入れ（2022年までに250人）

- 1981年難民条約（と議定書）を締結（入管令を出入国管理及び難民法に改める）
  →1982年・初めて難民認定手続きが導入される
  （2005年　入管法改正…「難民審査参与員」制度の導入）
  ⇩
  ①地方入管へ難民申請（**難民調査官**の調査・インタビューを踏まえ、地方入管の見解が出入国在留管理庁難民認定室へ送られ、**法務大臣が難民認否処分**）
  ②不服申立（＝審査請求）も地方入管へ（**難民審査参与員の意見**→出入国在留管理庁審判課を経て、**法務大臣が裁決**）

て逃れていき、ボートピープルという言葉もこの時期から聞かれるようになりました。そういう人たちを総称してインドシナ難民と呼んでいるのですが、日本は当初、難民の受け入れの経験がなかったものですから、受け入れないというスタンスをとっていたのです。

インドシナ難民はどこに逃れていったかというと、フィリピンであったり、マレーシア、インドネシアであったりしました。タイに陸路で逃れていく人たちもいました。ところが、マレーシアなどは多民族国家で、非常に微妙な人口バランスのもとに国家が運営されている。そこに多くの難民が流入していくと、国家の中が混乱してしまう。そうすると、アメリカ合衆国は当時、共産主義がそこに浸透していくのではないかと恐れたわけです。実際に、ベトナム、ラオス、カンボジアでは次々に社会主義的な政権が誕生していましたから、さらにフィリピンもマレーシアもインドネシアもそうした状況になっては困るということで、多くのインドシナ難民をアメリカ合衆国が受け入れることになりました。

そしてアメリカが同盟国と位置づけるイギリスやフランスといったヨーロッパの国々も、次々にインドシナ難民を受け入れていくわけです。そうした中で、インドシナ半島から極めて近いところに位置していて、すでに経済的に富裕国になっていた日本に対しても、インドシナ難民を受け入れてほしいという強い圧力がかかり、日本は１９７８年からインドシナ難民を特別に政治的な判断で閣議了解という特別枠で受け入れていくことになりました。日本における20世紀半ば以降の本格的な難民受け入れの始まりということになります。

先ほどご紹介した通り、１９５１年に世界には難民条約という条約ができていました。日本はこの難民条約体制にずっと参加していなかったのです。１９５１年の時点で日本はまだ占領されていたので、この条約には入れないというようなことを言っていたのですけども、それ以降も難民を受け入れたくないという思いもあって、ずっと難民条約については距離を置いていました。

しかし、インドシナ難民問題を契機に、アメリカなどから日本も難民条約に入っていないのはおかしいということで、ここでも強い圧力がかかり、１９８１年に難民条約に入ることになりました。条約への加入にあわせて、「出入国管理令」の名前を「出入国管理及び難民認定法」に変えることになります。しかしその根幹は入管令のままで、そこに難民認定手続きを乗せただけの代物ではありました。

ともあれ、こうして1982年1月1日、日本の歴史上初めて難民認定手続きが誕生することになりました。日本の難民認手続きは2段階の構造になっています。

まず第1段階目で、どこに助けてほしいと駆け込むのかというと、地方入管にです。全国を8つに分けてそれぞれ地方入管があります。東京は東京出入国在留管理局の管轄下です。難民申請は、ほぼすべてとは言いませんが、大体が東京、それから名古屋、大阪の地方入管で行われることが多いです。

申請を行った人は、申請書など書類を出した後にインタビューを受けます。インタビューは、難民調査官という入管の職員が行います。難民調査官は、申請者が難民に当たるのかどうかについて見解をまとめ、自分のボスである地方入管局長の名前で、地方入管から本庁である出入国在留管理庁の難民認定室にその見解が送られてくるわけです。

そしてその後、難民認定室で地方入管の判断がチェックされて、最終的に法務大臣の名前で難民の認定をするかしないかが決められることになります。これが第1段階です。

ここで認定されればそれでいいのですが、認定されなかったら不服申立てができます。不服申立ては、今は審査請求という法律用語で呼ばれているものです。

不服申立てを誰に対してするのかというと、再び同じ地方入管にすることになります。しかし、今度は1回目の時とは違って、難民調査官ではなくて、難民審査参与員という外部の専門家が登場してきます。難民審査参与員の制度は2005年に導入された制度で、大学教員であったり弁護士であったり、元裁判官であったり、元外交官であったり、あるいはNGOの職員といった様々な経験を持つ人たちが、現在は110人以上登録しています。
その人たちが3人1組になって、不服申し立ての場に臨み、不服申立てをした本人の話を聞くことになります。難民審査参与員のもとには、第1段階で難民調査官が作ったインタビューの記録なども全部送られてくるわけですが、そういうものも読み込んで、この人はやはり難民として認めるのはおかしいなと考えたり、あるいはこの人は難民と認めるべきだ、という意見をまとめ、出入国在留管理庁にある審判課に送るのです。
そして、最終的に法務大臣の名前で不服申し立てを認めるかどうかの判断が下されることになります。

2021年、今から2年前の実績で、難民として認定されている数・率がどのくらいなのかを国別に比べてみると、日本がとても低いことが分かります。

日本と他国との比較（2021年実績）https://www.refugee.or.jp/refugee/japan_recog/

ドイツ：認定数3万8918人（認定率25・9％）
カナダ：認定数3万3801人（認定率62・1％）
フランス：認定数3万2571人（認定率17・5％）
米国：認定数2万0590人（認定率32・2％）
英国：認定数1万3703人（認定率63・4％）
日本：認定数74人（認定率0・7％）

こうした違いはどうして出てくるのか。定義が違うからこういう違いが出てくるのではないかと思うかもしれません。しかし、保護すべき難民の定義は世界共通です。難民条約が、世界共通の難民の定義を定めています。そして、その定義にかなっている人であれば難民として認めなければいけない。ドイツもフランスも、カナダもアメリカもイギリスも、日本も同じ難民の定義を持っています。そして、その定義に当てはまるかどうかを審査するのが、難民認定手続きなのです。

難民条約上の難民の定義は少々複雑に書かれていますが、5つの要素に分けることができます。

①迫害のおそれがあること。
②迫害の恐怖に十分に理由があること。
③迫害を受ける理由が次の５つのいずれかであること。
(a)人種、(b)宗教、(c)国籍、(d)特定の社会集団の構成員であること、(e)政治的意見。
④国籍国の保護を受けられないか受ける意思がないこと。
⑤国籍国の外にいること。

難民条約は第二次世界大戦期における迫害の歴史を背負って作られた条約です。人種、宗教、国籍、特定の社会的集団の構成員であること、政治的意見というのは、端的に言うと、ユダヤ人がこうした理由によって迫害を受けていたということにつながります。

日本はなぜこんなに認定数も率も低いのかということについては、様々な議論があります。たとえば、本当の難民がやってこないからだと言う人がいて、こういう考え方を支持する人たちは難民審査参与員の中にもおられるようです。ただ、私が10年間勤めた感覚からすると、そういうところがまったくないとは言いませんが、別のところにもっと本質的な理由があるという思いを強くしています。

日本は、世界共通の難民の定義をものすごく狭く解釈しています。今、日本には多くの難民

日本の実務：難民の概念をとても狭く解釈する

（例）民族や宗教の違いを理由に武装勢力に襲われる危険性がある事例

・武装勢力は政府が取り締まろうとしているから迫害はない（あるいは、国家の保護を受けられる）。

・武装勢力は無差別に攻撃しており、申請者個人を標的にしていないから迫害のおそれには「十分に理由がある」とは言えない。

申請者がやってきますが、その中のかなりの部分は、民族や宗教の違いを理由にして武装勢力に襲われることを恐れているのです。政府ではなくて、対立する民族集団や宗教の違いによって別の集団が襲ってくるので、自分の命が危なくなったから逃げてきたという人がかなりいます。

南アジアやアフリカからやってくる方には、こういう人たちが多いです。こういう時に実際に命や自由が危ないのであれば難民として認定するというのが各国の現実なのですが、日本では認定しないのです。

なぜ認定しないかというと、「たしかに、あなたは襲われるかもしれない。でも、政府はあなたを守ろうとしていますね。政府が取り締まろうとしているのであれば、あなたは国によって守られています」ということです。国籍国の保護を受けられる、ということです。

他国では、政府が守ろうとしていても「実際に殺されてしまうのであれば、あなたは危険だから保護しましょう」とな

・迫害を受けるおそれがあるかどうかの判断は、多くの場合、本人の話を信じるかどうかにかかっている（供述の信ぴょう性評価）

確かな証拠がないと、本人の供述をなかなか信じない。

←確かな証拠を持っている申請者はほとんどいない。本人の供述がそれなりに一貫しているのであれば、証拠がなくても信用する、というのが国際標準。

一次審査で、代理人の立会いも録音・録画も認められないまま供述調書が作成されてしまう。

難民審査参与員への実務研修が不在。各自が独自のやり方・基準で難民認否に当たっている。
難民審査参与員の適格性がチェックされていない。

一次審査も審査請求も、最終判断は、実際には、誰がどう行なっているのかがわからない。

るのですが、日本では、「殺されるかもしれないけれど、国籍国は保護しようとしていますね、だったらあなたは難民ではない」となる。そういうところに違いが出てきています。

それから、武装勢力が襲ってくる時に、ある村落全体を標的にする場合があります。その時にその村落から逃げてきた人は、その村落から逃げてきた説明をするわけですが、日本では1次審査のインタビューで難民調査官から「あなたが狙われたわけではないのですね」と言われることが多い。つまり「あなたではなく、みんなが狙われたわけですね」ということです。そうすると、「あなたの迫害の恐怖には十分に理由があるとは言えない」となってしまう。

各国では、特定して狙われていなくても、その村落に住んでいたことによって命が危ないのであれば、迫害の恐怖に「十分に理由がある」とされます。でも日本では、申請者個人が狙われないとダメだ、ということなんです。全員皆殺しになったとしても、あなたが特定して狙われていないのであれば、迫害の恐怖には「十分に理由がある」とは言えないということです。すごく狭い解釈です。

それと、難民申請者は助けてほしいと言うわけですが、その時に、村に住んでいたこと、人種あるいは民族、宗教の違いによって襲われたこと、そして命からがら逃げてきたこと、などを示す客観的証拠は持ち合わせていないことがほとんどです。たとえば、武装勢力が何月何日に村を襲ったということを、わざわざ証明するような文書が発行されるわけではありません。だから申請者がしゃべっている内容しかないのです。問題は、当人がしゃべっていることを信じるかどうかというところにかかります。

これを信憑性の評価といいます。日本では確かな客観的証拠がないと申請者の言うことをなかなか信じない。確かな新聞記事や警察の報告書といった客観的証拠があれば、あなたの言うことを信じましょう。そうでないのであれば、あなたの話だけですから、信じるわけにはいかない、ということで、なかなか本人の供述を信じないんです。

ＵＮＨＣＲなどが示す国際標準では、確かな証拠がなくても申請者が言っていることが核心部分において一貫しているのであれば信じるべき、となっています。なぜそういうやり方をしているかというと、もし間違って申請者を本国に戻してしまったら、殺されるかもしれない。

①地方入管へ難民申請（**難民調査官**の調査・インタビューを踏まえ、地方入管の見解が出入国在留管理庁難民認定室へ送られ、**法務大臣が難民認否処分**）

②不服申立（＝審査請求）も地方入管へ（**難民審査参与員の意見**→出入国在留管理庁審判課を経て、**法務大臣が裁決**）

それは、何としても避けなければならない。だから、本人が言っていることを信じることによって本人を保護するというところに重きを置いているのが各国の一般的な実務なのです。それに対して日本では、本人が言っていることが確かでないと国が騙されてしまう、それはなんとしても避けなければならないとなり、反対の構図になってしまっている。国の利益を守るためにこの人は難民としては認められないという。重きを置いている利益が、国の側、国境管理になっているというのが日本の難民認定の特徴なのです。

また、一次審査における難民調査官のインタビューは、録音も録画も認められていません。弁護士など代理人の立ち会いも認められない。だから本当にそういうやりとりがあったのかが分からないまま、「供述調書」と呼ばれる書類が作られてしまうのです。そして本人がそれに署名しているので、これを信用するということを前提に不服申立ての審査にあたることが求められます。

それから不服申立て、つまり審査請求の段階で登場してくる難民審査参与員は、元検察官、元裁判官、元外交官、弁護士、それから学者、N

GO職員という属性をもっており、みなそれぞれの領域で優れた実績を残してきている人たちではあるのですが、難民認定実務については何の経験もありません。

だから、きちんと研修を受けないと、きちんとした難民認定はできないはずです。人によっては難民条約上の難民の定義すら十分に理解しているか分からないまま審査しているとしか思えないような方もおられる。そして難民申請者に対する向き合い方が、極度に排他的と言いますか、時には敵対的とすら感じられる方が見受けられます。つまり、必要な能力と適格性を備えているのかが、きちんとチェックされないまま難民審査参与員が任命され、職務にあたるという現実があります。

難民認定の流れでは、難民調査官のインタビューを踏まえ、地方入管の見解が出入国在留管理庁難民認定室に送られ、法務大臣が難民認否処分をするというのが1次審査です。ただ、実際には法務大臣がいちいち判断を下しているわけではありません。難民認定室で実質的な判断が行われ、それが法務大臣の下に送られるわけです。

その過程で誰がどう関与しているのかが分からないのです。審査請求においても、難民審査参与員の意見が出入国在留管理庁審判課を経て、法務大臣の採決・決定へとつながるわけですが、法務大臣が一件一件判断しているわけではない。審判課の中で実質的な判断が行われ、それが法務大臣の下に送られるのですが、その過程で誰がいつどう判断しているのかがまったく

・なぜ、保護を求めてきた人たちを保護しようとしないのか

→難民認定手続きが、外国人を管理する出入国在留管理機関の中で完結する問題

入管：国境管理が仕事（「国境」の門番の役割）

難民：旅券もビザも偽造してやってくることも

（←「不信の目」が向く）

→政治的・外交的配慮が入りやすくなっている問題

＊友好国から逃れて来る人には厳しく、

非友好国からの人には緩やかに？

分からない。ここに大きな闇があって、外からうかがい知ることができないような何かが蠢きながら判断が行われている。そこが白日のものにさらされないといけないと思います。

なぜ保護を求めてきた人を日本は保護しようとしないのか。もちろん難民でなければ難民認定をする必要はない。でも、難民の定義がとても狭く解釈される。申請者本人が言っていることをなかなか信じない。本人が言っていることをちゃんと聞き取ったのかをチェックする録音・録画もない。弁護士の立ち会いも認められていない。そして闇の中で決定が下される。保護を求めてきた人を排除する面妖な仕組みが作り出されているようにしか見えないのです。

最大の制度的難点は、難民認定手続が外国人の出入国を管理する組織の中で完結してしまっているところにあります。1次審査、不服審査ともに出入国在留管理庁という、外国人の出入国を管理する役所の中で行われているのです。

出入国を管理する部署の仕事は、疑わしい外国人を排除することです。日本の利益にならない外国人を日本の中に入れない、あるいは、日本の利益にならない外国人を日本から追い出す、というのが本来業務です。そういう仕事をする部署が、助けを求めている人を保護する仕事を同時にできるのか、ということです。

難民として保護を求める人は、正規のルートでやってくるとは限らない。たとえば旅券を偽造したり、ビザを偽造したりしてやってくることがあります。そうすると、それは入管の感覚からすると当然ルール違反ですから、日本に入れるわけにはいかない。日本にいてもらっては困る人になります。しかし、難民として保護を求める側からすると、ほかに方法がないわけです。そこで、そういう時に、国境管理の感覚でやるのか、それとも難民を保護する感覚でやるのか、ということによって難民認定の結果が大きく違ってくるわけです。

手続きが出入国在留管理機関の中で完結してしまっているので、国境を管理するという発想が手続き全体に行き渡ってしまっている。それが、保護を求めてきた人をなかなか保護できない状況を作り出している重大な制度的誘因だと思います。

もう一つ指摘したいのは、出入国在留管理庁が法務省の中にある組織だということです。最終的に法務大臣が判断を下す建て付けですが、そうすると日本の政治的、外交的な配慮が入り

・難民を保護するための難民認定手続きの設置
ドイツ：①連邦移民・難民庁→②行政裁判所
フランス：①難民・無国籍保護庁→②国家庇護裁判所
カナダ：①難民移民庁保護部→②同庁不服審査部
オーストラリア：①内務省→②行政不服審判所移民・難民部
←政治的・外交的配慮を入れず、「国境の門番」の意識からも離れた「難民保護」の観点からの審査が可能になる。誰が判断しているかも明瞭。

＊日本も、出入国在留管理機関の中で手続きを完結させない必要がある

やすくなってしまう。たとえば日本政府とすごく仲が良い国からやってくる人については、迫害をしているということをなかなか認めにくいかもしれない。

反対に、日本と仲が良くない国からやってきたら、比較的簡単に迫害があると認めることができるかもしれません。迫害、つまり重大な人権侵害が起きているということを公的に認めるのが難民認定ですから、それを法務大臣が行っているとなると、外交的な関係を悪くしてしまうという可能性もあるのです。

こういう心配があるので、各国は難民認定の機関を法務省のようなところから切り離し、独立性を保とうとしています。難民認定などを専門とする特別の機関を作ってそこに任せたり、中立的な機関に委ねるということです。ドイツは、連邦移民難民庁が1回目の判断を行い、2回目は裁判所が行っています。

フランスも同じように難民・無国籍者を担当する特別

るわけです。

の機関があり。そこで1回目の審査を行い、不服がある場合には、今度は裁判所が登場してくるわけです。

カナダにも移民難民庁というという特別の部局があって、出入国管理機関から切り離されたところで判断を行う。オーストラリアは1回目は日本と同じような内務省が行いますけども、2回目は独立したところで判断してもらうことになっています。

このように外交的、政治的配慮が入らないような仕掛けをしているのです。国境の門番のメンタリティを入れ込まないように、難民として保護すべきかどうか、それだけを判断できる制度的な仕組みを作っているのです。

だから、日本も難民として保護を求めてきた人を保護するのであれば、出入国在留管理機関から距離を置いたところで難民認定を行っていく必要が制度的にはあると思います。

ところで、2022年に始まったロシアによるウクライナ侵略は今も続いています。多くの人が難民として流出することになりました。日本も、ウクライナから逃れてくる人を受け入れ、国、自治体そして市民を挙げて支援を行っています。1年半の間に受け入れたのは2491人に上ります。

1982年1月1日に始まった日本の難民認定手続きは、2022年に40年を迎えました。

◆ウクライナからの「避難民」の受け入れ

2022年3月2日～23年8月30日までの約1年半：2491人

https://www.moj.go.jp/isa/content/001388202.pdf

1982年～2022年末までの40年間で難民と認定された者：1117人

◆アフガン退避１１４人を難民認定　ＪＩＣＡ職員ら、過去最大規模―政府

2023年07月12日18時32分

https://www.jiji.com/jc/article?k=2023071200704&g=pol

２０２１年８月のアフガニスタン政権崩壊を受けて日本に避難してきた国際協力機構（ＪＩＣＡ）の現地職員ら１１４人が、難民に認定されたことが12日分かった。一度に難民認定された人数としては過去最大規模。政府関係者が明らかにした。

この40年の間で難民と認定されたのは１１１７人です。40年かけて難民として認定した数が１０００人ちょっとなのに対し、この1年半の間にウクライナから受け入れた人はその倍以上です。もう一つ、アフガニスタンから退避してくる人を、一度に１１４人認定するという報道が２０２３年7月にありました。アフガニスタンから逃れてくる人は、日本とつながりがあった人たちです。そういう人たちが迫害を受けるというので、日本で難民として保護するということです。

こういうのを見ていると、たくさんの難民を受け入れる、そして、一度にたくさんの人を認定できるということが分かると思います。これは、良いことだと思います。つまり、助けを求めている人は助けられるのであれば助ける。そして一度に同じような状況にある人をまとめて認定できるなら、それに越したことはない。問題は、これを差別なく実現できるのか、ということです。

・シリア難民は？

・ロヒンギャ難民は？
ミャンマー国軍による迫害により、
2017年8月から70万以上の人々が隣国に避難

＊ウクライナ「避難民」…
「避難民」と呼ぶものの、難民条約上の難民
→難民間に差別を設けてはいけないので、
今般の措置を広げていく必要がある

ほかの難民集団に対する眼差しはどうなのか、ということです。

たとえば2015年に何百万人もの人がシリアにおける紛争から逃れ出て、大量にヨーロッパに向けて人が移動しました。ドイツやスウェーデンは懸命に受入れましたが、多くの国は勘弁してほしいという声をあげた。先にお話した通り、難民の受け入れは特定の国に過度に負担がかからないように国際協力の精神でやっていくということです。だとしたら、シリア難民についてヨーロッパの国々があまりにも多くの負担を負っているのであれば、日本は少しでもいいから、その負担を引き受ける声をあげてもおかしくない。

しかし、シリア難民に対して日本は門戸を開かなかったです。ウクライナの時と同じくらいの緊急度があるのに、です。また、ミャンマーにおけるロヒンギャという少数民族は国軍によって民族丸ごと抹殺されるジェノサ

イドの危険にあるとされています。そのため、２０１７年8月から70万以上の人がバングラデシュに避難しています。ミャンマーは同じアジアの国なのに、ロヒンギャ難民への救いの手を日本は差し伸べていません。

なぜウクライナやアフガニスタンから来る人に対してできることを、シリアやロヒンギャの人たちに対してはできないのか。同じくらい保護する必要があり、しかも、ロヒンギャの人たちは地理的にウクライナやアフガニスタンよりも日本に近いのです。なのに、受け入れない。

先ほどウクライナの人たちに対する処遇、これは良いものとして評価すべきだと言いました。また、アフガニスタンから来た人たちのように迅速に多くの人を認定することも必要です。これをほかの難民集団になぜできないのかということです。それができなければ難民の間には差別を設けることになってしまう。そういう状況が今日本に広がっています。ほかの難民の人たちも大勢日本にはいるし、世界には日本が保護すべき難民はほかにもいるということを、考えてみる必要があるように思います。

もう一言添えると、ウクライナから来る人たちについて、政府は難民ではなく「避難民」という言葉を使っています。なぜかというと、政府の説明によると戦争を逃れてきた人は難民ではない、からです。しかし、この後また言及しますが、国際法の発展は、戦争から逃れてきた人も難民条約上の難民と認める方向になっています。政府が「避難民」と呼ぼうと、ウクライ

III 改定入管法をめぐって

概要

（1）保護すべき者を確実に保護

・補完的保護対象者の認定制度を設けます。（戦争を逃れてきた者などの保護）

（2）送還忌避問題の解決

・次の者については、難民認定手続中であっても退去させることを可能にします。

■3回目以降の難民認定申請者

■3年以上の実刑に処された者

■テロリスト等

・強制的に退去させる手段がない外国人に退去を命令する制度を設けます。

■罰則を設け、命令に従わなかった場合には、刑事罰を科されうるとすることで、退去を拒む上記の者に、自ら帰国するように促します。

ナから逃れてくる人たちは難民の定義を満たしているように見受けられます。

3　改定入管法をめぐって

２０２３年の前半は入管法改定をめぐってかなり議論があり、私も国会に参考人として呼ばれ意見を陳述しました。日本が占領されていた時に作られた入管令が、その根幹を変えることなく続いているというところが入管法の抱える根本的な問題です。その根幹を残しつつ今回改定が行われたわけですが、政府は、改定を必要とする事情として3点指摘していました。

第1に、保護すべき者を確実に保護するために入管法を改定したい、ということです。ここで新しく「補完的保護対象者」というカテゴリーを設けています。具体的に想定しているのは戦争を逃れてきた人などです。戦争

◆日本の難民受け入れ：「閣議了解」枠と条約難民

- 1978年からインドシナ難民を「閣議了解」で受け入れるようになる
  （受け入れ最終年の2005年末までに１万1139人に定住を許可）
  ＊2010年からミャンマー難民をタイ／マレーシアから受け入れ（2022年までに250人）

- 1981年難民条約（と議定書）を締結（入管令を出入国管理及び難民法に改める）
  →1982年・初めて難民認定手続きが導入される
  （2005年　入管法改正…「難民審査参与員」制度の導入）
  ⇩
  ①地方入管へ難民申請（**難民調査官**の調査・インタビューを踏まえ、地方入管の見解が出入国在留管理庁難民認定室へ送られ、**法務大臣が難民認否処分**）
  ②不服申立（＝審査請求）も地方入管へ（**難民審査参与員の意見**→出入国在留管理庁審判課を経て、**法務大臣が裁決**）

を逃れてきた人は難民ではないので、そういう人を救うために補完的保護制度を作ります、と言うのです。

たしかに、半世紀前は戦争から逃れてきた人は難民条約上の難民とは認められにくい現実がありました。でも前世紀終わりから今世紀にかけて、戦争を逃れてきた人であっても難民だという考え方が国際社会共通の了解になっています。こうした規範的発展がまったく考慮されていないように見受けられます。

第２に、送還忌避問題を解決するために入管法を改定する、ということです。３回目以降の難民認定申請者は送還することを可能にするというわけです。

これまでは、難民認定申請中は送還されませんでした。もっとも、普通に考えると、２回も申請を退けられた人であれば送還してもいいではないか、となるかもしれません。ただ、先ほど来申し上げているとおり、日本の難民認定の実態があまりにも問題含みであるため、認定されなかった人はどうしても納得できないし、難民として認定されてしかるべき人が現に認定さ

◆改定入管法を支える基本認識

・日本では、在留資格・在留期間等の審査を通じて、外国人の出入国や在留の公正な管理に努めており、このように、その国にとって好ましくない外国人の入国・在留を認めないことは、それぞれの国の主権の問題であり、国際法上の確立した原則として、諸外国でも行われています。

（https://www.moj.go.jp/isa/laws/bill/05_00007.html）

れないというケースもかなりあるように見えるのです。そういう人たちは、3回目だろうが4回目だろうが、難民申請します。本国に帰れませんから。しかし、3回目以降はもう送還しますよ、というのが今回の改定です。

第3に、これもとても大きな問題で、収容のあり方を変えるということです。退去強制のため収容される外国人の中には、本国に何らかの事情で帰れない、あるいは、日本に家族ができてバラバラになるのは困る、といった事情でどうしても日本に残りたいという人もかなりいます。日本で生まれ、育った子どもも大勢います。本国に帰ると殺されてしまう危険性があるので、ちゃんと難民認定されれば保護されるはずなのに、そうじゃないという人もいます。こういった人たちは、本国に帰れませんから、ずっと収容されるという状況にありました。仮放免されても、権利の保障がないことはすでに述べたとおりです。

今回の入管法改定にあたって、政府は、在留資格を欠く人については必ず収容するのではなく、収容する必要があるかどうかを個別

・出入国管理：各国の自由＝主権の問題→実際には行政権の下に置かれる

👉官僚制の支配：「政治に代わって行政が、法律に代わって政令が、決定者の責任が問われ得る公的・法的決定に代わって役所の匿名の処分が登場する支配形態」

（ハンナ・アーレント『新版　全体主義の起源２』（2017年）；
岸見太一・高谷幸・稲葉奈々子『入管を問う』（2023年））

←端的に言って、出入国管理、難民認定のプロセスは、
外部に見えない「闇」の中にある。　👉無責任の体系へ

に判断しますと言っています。明らかに外部からの批判を受けてのことだと思います。しかし、原則が収容であることには変わりない。監理人が見つからなければ、収容されるのであり、収容には期限がない。しかも、収容するかどうかを決めるのも入管の職員です。

政府は、国の側に外国人の出入国を管理する広範な権限があるというのですが、ここで改めて確認しておかなくてならないのは、国とは誰かということです。実際には、国という言葉が指しているのは行政府の官僚機構です。そこには官僚制の支配がある。ハンナ・アーレントが著した本の中に官僚制の支配を説明しているくだりがあって、これがまさに出入国管理についての日本の現状を示していると思えます。

つまり、「政治に代わって行政が、法律に代わって政令が、決定者の責任が問われ得る公的・法的決定に代わって、役所の匿名の処分が登場する支配形態」。これ

◆改定入管法の問題

- そもそも、保護すべき者を保護できる体制が整っていない
  - ・一次審査における代理人立会い、録音・録画を認めること
  - ・難民審査参与員の適格性を確保すること
  - ・難民審査参与員に適切な実務研修を実施すること
  - ・手続きを透明化すること（一次審査、審査請求について、最終的に誰がどのように決めているのかを明らかにする）
  - ・戦争（紛争）を逃れ出てきた者も難民たり得る（特殊日本的な「補完的保護」は不要）

（一度に多数を扱うことを想定するのであれば、「集団認定／Prima Facie認定」制度こそ必要）

- 被収容者に対する身体の自由・適正手続き保障の欠如
  - ・収容が原則であってはならないこと。無期限収容は不可。司法審査の導入。

が官僚制といわれるものです。

政治ではなく行政が、法律ではなく自分たちの作った政令に基づいて、そして誰が判断しているのか分からない匿名のもとに処分を行う。これが官僚制の支配です。日本の出入国管理、難民認定のプロセスはまさにこの官僚制の支配のもと、闇の中に置かれ続けています。収容についてそうであるように、官僚機構が闇の中で判断を下す構図は、改定入管法の中でもまったく変わらないのです。

これまで話してきたように、20世紀の世界は、国際法に基づき、外国人については入国を認めるか、どういう条件で在留を認めるかは国の側が自由に決める。しかし難民は例外というものでした。欧米諸国はそれなりに難民を保護してきたけれども、日本は外国人に対する取り扱いも厳しいし、難民に対しても厳しいという状況でありました。そういう中で入管法の改定が行われているわけですが、グ

ローバルに見ると、国際法に大きな転換が見られます。

国民を中心に据えて難民を例外とする従来型の組み合わせではなく、すべての人間の権利を保障することを世界共通のルールにするという動きが１９８０年代以降、90年代から21世紀にかけてとても大きくなっているのです。国際法の中で国際人権法という特別の法体系が発展し、人間の尊厳を一切の差別なく認める、つまり人間はどこにいても平等に取り扱われるというルールを作り、その実施を監視する制度を構築する流れがどんどん大きくなっています。改定入管法は、こうしたグローバルな人権法の潮流から大きくずれてしまっている。

私たちは、人間を様々な場面で区別します。もちろん区別する必要がある場合はそれでいいのです。でも、区別する理由をきちんと説明できなければそれは差別にあたるので許さない、というルールが世界的に強まってきています。人間はすべて平等なので、これまでのように外国人だからといって、ただちに権利保障の水準を低くしてはならず、国民と区別しなければならない理由を厳格に説明できないと差別として許されない時代になっているのです。

これに加えて、どんな局面にあっても、人間にふさわしい最低限の処遇は保障しなければならないことも強く要請されるようになっています。仮放免の状態で権利保障が一切なく、住む場所も食べるものもなく、働くこともできない。こういう非人間的な状態は、国際人権法のもとではとても許されない。そういう規範状況になっています。

人間を収容することは決して原則であってはならないことも国際人権法の重要な要請です。収容する場合には、その必要性を官僚機構から独立した裁判所が判断しなくてはならない。そして何より、収容は無期限であってはならない。国際人権法は、そう求めています。

在留資格によって外国人の処遇内容が決まる。これが日本のあり方でした。改定入管法の考え方もそうです。しかし、グローバルな国際人権法の展開は、在留資格よりも人権という考え方を重視することを強く求めています。在留資格によって権利保障の水準を違えるのであれば、なぜそうしなければいけないのかをきちんと説明できなければなりません。そして、在留資格がないのだから、権利など一切保障しなくてよいという考え方は、もはや通用しない時代に入っているのです。国際社会の共通利益と言うべき人権あるいは人間の尊厳という視点があまりに希薄なところに、改定入管法の古色蒼然たる本質が見て取れます。

4　すべての者の人権を保障する世界へ

国際人権法はインクルーシブな社会の実現を目指しています。難民保護の水準を上げていくには、実は、インクルーシブな社会を実現していくことが不可欠なのです。私たちの社会が日常の差別を当然視するところであれば、国境において外国人を差別する、あるいは難民に対し

Ⅳ すべての者の人権を保障する世界へ

＊国民中心（国家の国境管理権限）＋　（例外としての）難民の受け入れ

⇩

- 国際人権法の広がり：1980年代以降

  <すべての者の人権が、差別なく保障される世界を創る>

- 国民中心ではなく、人間中心の法体系（国際社会共通のルール）への変容を促す

  ・人間を区別する場合、その必要性を厳格に説明できないと

て厳しい処遇をするのも当然になります。しかし、日常の社会が人間を大切にするものになれば、国境管理の局面において、外国人・難民に対する処遇も相応に変わっていかざるを得なくなります。

移民統合政策指数（ＭＩＰＥＸ）という統計があります。シンクタンクのMigration Policyなどが5年に1回実施していて、２０２０年のものが最新で5回目になります。56か国を比較し、移民を社会の中でどれだけ受け入れているかを様々な指数を使ってチェックしたものです。総合評価を見ると、56か国中、日本は35位に位置づけられています。日本の評価のどこが低いのかというと、差別を認めないというところが著しく低い。日本には差別を禁止する法律がありません。これが、「反差別」という項目の点数をすごく下げているわけです。

ヘイトスピーチへの対応も弱い。多くの国では刑事罰が導入されているのですが、日本には、やってはいけないよという緩やかな法律しかない。そして何世代にもわたって日本に居住している

・在留資格の違い、あるいは、在留資格がないからといって、そのことを理由に身体の自由を拘束したり、家族を切り離したり、生きていく上で必要な最低限度の活動すら全く認められないことは許されない

（在留資格<人権）

在日韓国・朝鮮人が、地方参政権すら行使できず、さらに公権力の行使に携わるポストにつけない状態が続いているのも、差別を禁止する国際基準に照らして深刻な問題です。

外国人を差別する状況があまりにも日常化しているので、私たちは何が差別なのかが分からなくなっているのかもしれません。差別を受けている人たちは差別にあらがう声を上げ続けているのですが、そういう声が差別をしているマジョリティの側にはなかなか届かない。だから、差別禁止法ができないわけです。これを何とかしないことにはインクルーシブな社会は実現できず、難民の扱いも劣悪なままになってしまうのだと思います。

これまで外国人・難民との関係で話をしてきましたが、日本国民の人権も実は保障水準が下がってきているところがあります。社会保障がその代表例です。日本では、人権があまり重視されていないのではないでしょうか。そういう状況を変革するために何をしたらいいのかは、国際人権法の世界では何年にもわたって議論されてきています。そして、まずはこういうことを実現すれば社会を変えていく流れが作り出されるのではないか、といわれているものがあります。

◆インクルーシブな社会へ

＊差別のない社会を築くことは、難民保護水準を向上させる！
（社会が差別的であれば、国境における人々の処遇も差別的になる）

＜**移民統合政策指数（MIPEX）**＞2020　の結果　（５回目。**世界56か国の比較**）
Migration PolicyとBritish Councilが中心に実施。EUの支援。https://www.mipex.eu/key-findings

・8つの政策分野（労働市場、家族呼び寄せ、教育、政治参加、永住、国籍取得、反差別、保健）について、167の政策指標を設け、数値化したもの。

・総合評価：スウェーデン、フィンランド、ポルトガル、カナダ、ニュージーランド、アメリカ、ノルウェー、ベルギー、オーストラリア、ルクセンブルク…。アジアでは、韓国が19位、**日本は35位。**

・日本の評価は、労働市場59点、家族呼び寄せ62点、教育33点、政治参加30点、永住63点、国籍取得47点、**反差別16点**、保健65点。

その１つは差別を包括的に禁止する法律を作ることです。あらゆる差別を許さないという公的なメッセージを法律という形式を通じて毅然と示すことにより、人権への関心が高められていくことになります。

２つ目は、今日初めて知るという方も少なくないかもしれませんが、独立した国内人権機関を設置することです。人権を侵害されている人が裁判に訴えるのは大変なことです。そうした人たちが簡易に駆け込んでいけて、現に助けてくれる、しかも人権を保障する政策提言も行える権限を備えた機関のことです。国際人権法を実現するためこうした機関を設置するよう、日本は国連などから何度も何度も勧告を受けています。

政府から独立した国内人権機関は、多くの国にあります。韓国にも台湾にも、フィリピン、ネパールにもあり、欧米諸国にももちろんあります。国内（国家）人権機関があれば、迅速な人権救済が可能になる。「独立」していることが肝要

- 「**日本の最大の問題は、包括的な差別禁止法がないこと**」

- 「**ヘイトスピーチ**の刑事罰も、多くの国で見られる。日本では、2016年にいわゆるヘイトスピーチ解消法が制定されたが、理念法として、禁止規定も制裁規定もない。」

- 数世代にわたり居住する在日韓国・朝鮮人が、地方選挙権を行使できないこと、公権力の行使または公の意思形成の参画にたずさわる公務員に就任できないこと、も国際人権基準にそぐわない。

なので、法務省の内局として作っては何の意味もない。法務省の管轄下にある入管や刑事拘禁施設などで人権侵害が行われた時、同じ法務省の中に国内人権機関が置かれているのでは、きちんと対処するのは制度的に難しい。法務省のような省庁から独立していることが大切になるゆえんです。

それともう1つ、人権条約は、国内でどんなに頑張っても人権が救済されない時に、最後の手段として国際的な救済申立てを行える制度を設けています。個人通報制度と呼びます。各国はこの制度を受け入れています。たとえばドイツやフランスで、あるいは韓国で人権がどうしても救済されない場合に、国際的な人権条約機関に訴えることができるのです。ところが、この制度を日本政府は受諾しないのです。どうしても受け入れない。日本の人権問題を国際的な場で審査されることに強い抵抗があるようです。

差別禁止法がない、独立した国内人権機関もない、国際的な救済申立て制度の道も閉ざされている、ということで、国際人権法から隔絶したかのような状況が日本の中に広がっている。それが

◆<人権の不在>を脱するために要請される３つの制度

• 包括的な差別禁止法の制定

• 独立した国内人権機関の設置（裁判より簡易な手続きによる人権救済）

• 人権諸条約により設置された個人通報手続（国際人権救済申立手続）の受諾

←難民認定手続き、外国人（移民）の受け入れ制度も、
　こうした<人権の不在>を克服するプロセスの中で変革していく必要

〈人権の不在〉につながっている。これら3つの欠落を是正していく声をあげていく必要があり、その中で、旧態依然の難民認定手続きも、独立性を備えたものに変わっていくことが可能になるのではないかと思うのです。

最後に一つ映画を紹介させてください。日本に住んでいる難民や、難民申請者はどういう生活をしているのか、具体的にはどういう顔をしているのか、どういう声をしているのか、ということはなかなか私たちには伝わってきません。「不法滞在者」とか、「偽装難民」という抽象的な言葉でくくってしまうと、なおのことそうです。でも一人ひとりが、当たり前ですが、私たちと同じ人間なのです。

「マイスモールランド」という映画は、日本でどうしても難民と認定されないクルド人家族を描いた作品です。その家族は、お父さんと3人の子どもたちからなっています。一番上の子が高校3年生で一番下が小学校の低学年。ある日、お

◆社会の差別意識：映画「マイスモールランド」から

「『マイスモールランド』のなかで「日本社会のすべてが込められているような気がした」という台詞があります。コンビニでアルバイトをするサーリャに対して、客の老婦人がかけた「日本語お上手ね」という一言です。」

「内と外を分けている、典型的な台詞です。あなたたちは私たちと違う、外側にいる存在ですよということを、全く悪意なく伝えている。その裏には、日本語は、日本に住んでいる“日本人”のものだという意識もある。

でも、その“日本社会”は実はもう相当グローバル化していて、いろんな人がいろんな日本語をしゃべっていますよね。日本は“日本にいる人”のものであり、日本語もいわゆる“日本人”だけの言語でなく、多様な人がしゃべるものになってきているという意識づけを、学校や職場でしていくことが、ああいう台詞をなくすことにつながるのではないでしょうか」

入管で起きていることと、「日本語お上手ね」は一見遠い話に思えます。しかし阿部さんは、日常の会話や行動に溶け込んだ排除の意識に気づき、変えていくことが、制度の変革にもつながると考えています。

https://www.nhk.or.jp/heart-net/article/636/

父さんが収容されてしまって、子どもたちだけの生活になり、在留資格のない外国人の苦境がいっそうのしかかってくる。

そういう日常生活の機微を見事に映し出す映画なのですが、その中ですごく印象に残った場面があります。一番上の子がコンビニでアルバイトしている時に、善意の塊のような高齢の女性がやってきます。接客に当たったその子に対して、高齢の女性は「あなた、日本語お上手ね」といった言葉を発するわけです。まさに善意から出た言葉ですが、その一言に、その子は心をひどく重たくされるんです。

どうしてかというと、その子は幼い時に日本にやってきて、日本で生まれ育ったに等しい。十何年も日本で過ごし、もう日本が自分の国だという意識なのです。日本語もネイティブそのものなんです。ところが、その子が「日本語がお上手ね」と言われる。それは、私は日本社会の一員ではない、まだきちんと受け入れられていないのではないか、という不安感を広げることになってしまいます。「日本語お上手ね」と発した人は、微塵も差別意識はなかったのです。本当に善意の塊のような人です。でも、その一言を受けた側はものすごく心をかき乱される。日常においては、そういう現実が無数にあるわけです。

善意の高齢の女性には申し訳ないのですが、さらに踏み込んで言うと、実は差別意識はないと言いましたが、そこには差別する構造が反映されています。日本語は日本に住む日本人のものだという意識構造です。でも、日本語は実際にはいろいろな形で、いろいろな人が喋る言語であり、日本人だけのものではなくなっている。そういう状況になっているにもかかわらず、日本人かどうかで内と外を分け、私たちは内側、あなたたちは外側、日本語は内側のもの、という意識が奥深く埋め込まれているということです。

それが「あなた日本語お上手ね」という、100%の善意から発せられた言葉に見て取れるものだったのです。差別意識がないだけに、難しい問題だと思います。でも、そういうところに、区別される側とする側の非対称な構造が潜んでいる。日本に長く住んでいる外国人の側、あるいは人権を侵害される側はそういう構造に敏感なんですが、差別する側、あるいは人権を侵害する側は鈍感のままでいる。

この構図がその場面に映し出されています。必ずしも悪意の人だけが差別するわけではない。善意の人であっても差別を生み出してしまう。善意の塊が社会を構成しているからといって、社会から差別がなくなるわけではないのです。

そのことを認識しつつ、だからこそきちんと自分自身を振り返り、そして差別を認めない制度を作っていくことが必要になります。その中で、日本における外国人の処遇や難民認定の水準を引き上げていくことも可能になる。入管法の改定は、逆説的ですが、そのことを私たちに改めて示してくれたのではないかと思っています。

【質疑応答を終えて】

質疑応答では、私の講演ではお伝えしきれなかったことを補うご質問や、とても本質的で考えさせられる貴重なご指摘をいただきました。

第1に、各国の難民認定機関のあり方に関わって、英国や米国など他の国はどうなっているのかというご質問を受け、講演では触れられなかった国々の実情を説明することができたのは幸いでした。また、独立した国内（国家）人権機関との関わりで、すでに存在している弁護士会の人権救済申立制度などとの違いを問うご質問があり、このご質問のおかげで、国内人権機関が「公的」な機関として設置されることの意義を改めてお伝えすることができました。人権擁護には公的な機関の行動やメッセージが格別の重みを持つことを、国際的な人権機関は繰り返し強調してきています。日本でも、独立した国内人権機関が公的な機関として設立され、本来の役割を果たすことがとても大切ではないかと申し上げました。

第2に、私の講演では、難民や外国人を受け入れる「入り口」のところしか論じることができておらず、重要なのは、受け入れ後の処遇であり、入り口のところだけ整備するのでは足りないのではないか、というご指摘を受けました。現に、ドイツなどでは、受け入れ後に少なからぬ文化摩擦が生じていることもご指摘いただきました。まったくもってそのとおりであり、入り口のところだけ論じるのではなく、社会が受け入れ体制を整えているのかについても合わせて論ずることとの重要性を改めて痛感した次第です。

第3に、講演の中で用いた「インクルーシブ」という言葉のはらむ問題性についてご指摘いただきました。多数派の価値観を押し付けてしまう危険性があるのではないか、というご示唆です。ご発言された方からは、インクルーシブな社会に代えて、プルーラルな社会を目指す、と言うべきではないかとご教示いただき、思考の射程を広げる必要性を心に刻むことができました。

質疑応答の時間が終わってからも、さらなるご質問やご意見をいただき、深い感謝を覚えながら応答させていただきました。参加された多くの皆さんの真摯な眼差しのおかげで、心地良い緊張感を覚えながらお話しすることができました。とてもありがたいことでした。

第4章

羅針盤なき経済政策

東郷 賢

皆さん、こんにちは。武蔵大学国際教養学部の学部長をしております東郷と申します。「羅針盤なき経済政策」というタイトルでお話しさせていただきます。羅針盤とはコンパスのことですね。コンパスを使うから、出発点から目的地に到達できるわけです。途中で迷っても、コンパスで「北はあっちか」と分かるから、目的地に到達できる。経済政策の目的というのは、みんなが幸せに暮らせる社会を築くところにあると思うのです、今そのためのコンパスを使って経済政策を実施していますか？　というのが私の講演のメッセージです。

私は経済学をずっと勉強してきてるのですが、経済学は本当に役に立つ学問だなと思っています。皆さんにお話しすることは、大学の1年生の教科書に出てくる経済学の知識を使えば理解できるところですけれども、経済学というのは少し取っつきにくい学問なので、きちんと勉強しないと大学1年生の教科書でも、なかなか理解できないことになってます。

経済学的に正しい経済政策をやってるのかどうか。結論を先に言うと、やってないですよねという話です。やってないですよねで話を終わらせると面白くないので、何でそんなことが起きてるのかというところを解明していければと思います。

初めに「劣化する日本経済」ということで、日本経済の現状をデータから紹介して、いかに日本経済が劣化してきたかのを理解していただこうと思います。そのあと、「経済政策の基本」ということで、経済政策の紹介をします。そして、なぜ誤った経済政策が放置されたり、問題

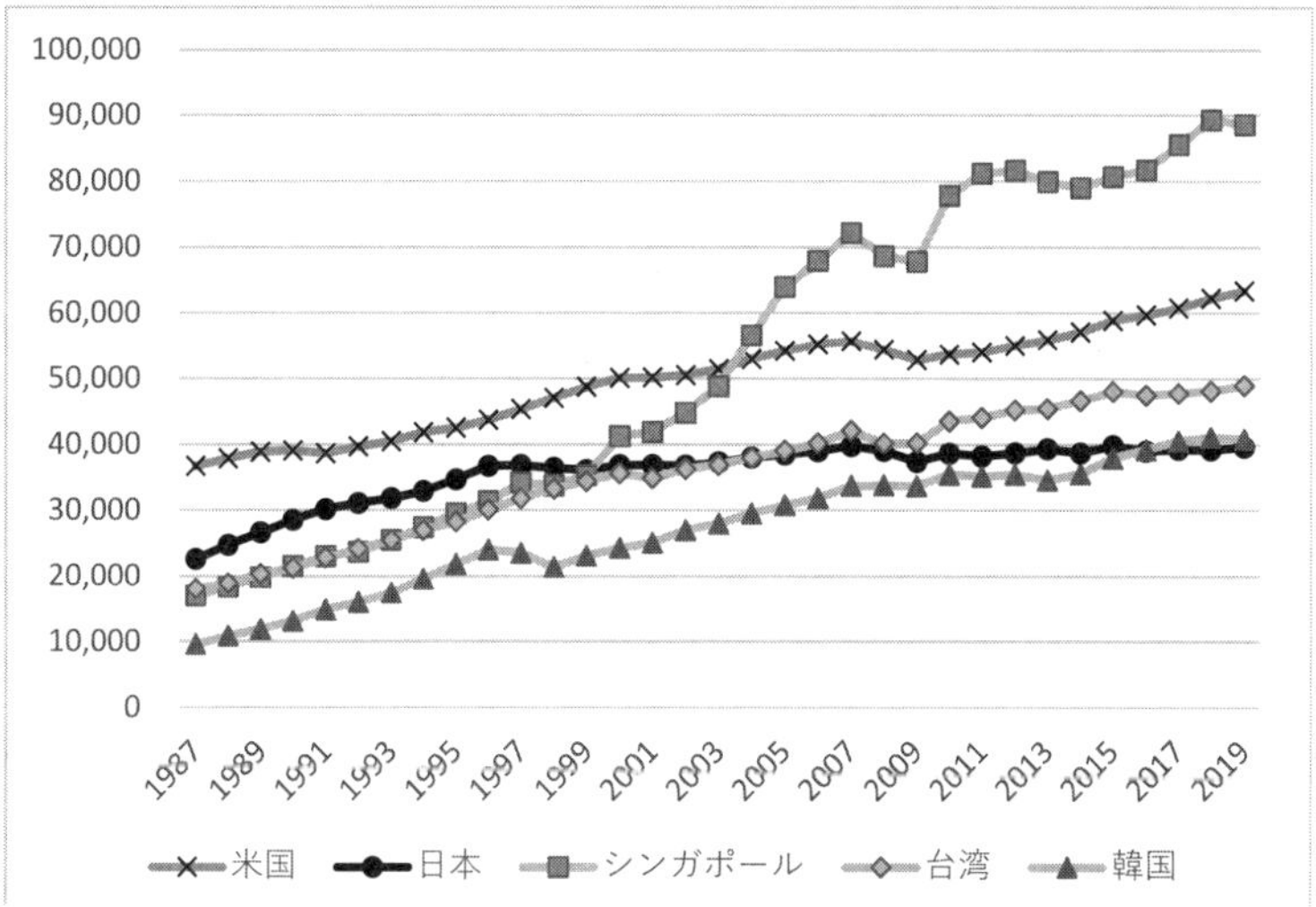

図1　実質一人当たりGDP(2017年ドル基準、購買力平価換算)の推移
(注) データの出所は全て文末にあげてあります。

点が改善されなかったのか、というお話をします。

1　劣化する日本経済

まず、劣化する日本経済ということで、どんなことが起きているのかをお話しします。

図1は、各国の一人当たりGDPを2017年の米ドルを基準にして比較可能にしたデータで、日本、台湾、シンガポール、韓国、アメリカの1987年から2019年までの推移をデータにしたものです。日本は1996年ころまでは順調に上昇していますが、その後停滞し、シンガポールに抜かれ、台湾に抜かれ、韓国に抜かれ、今

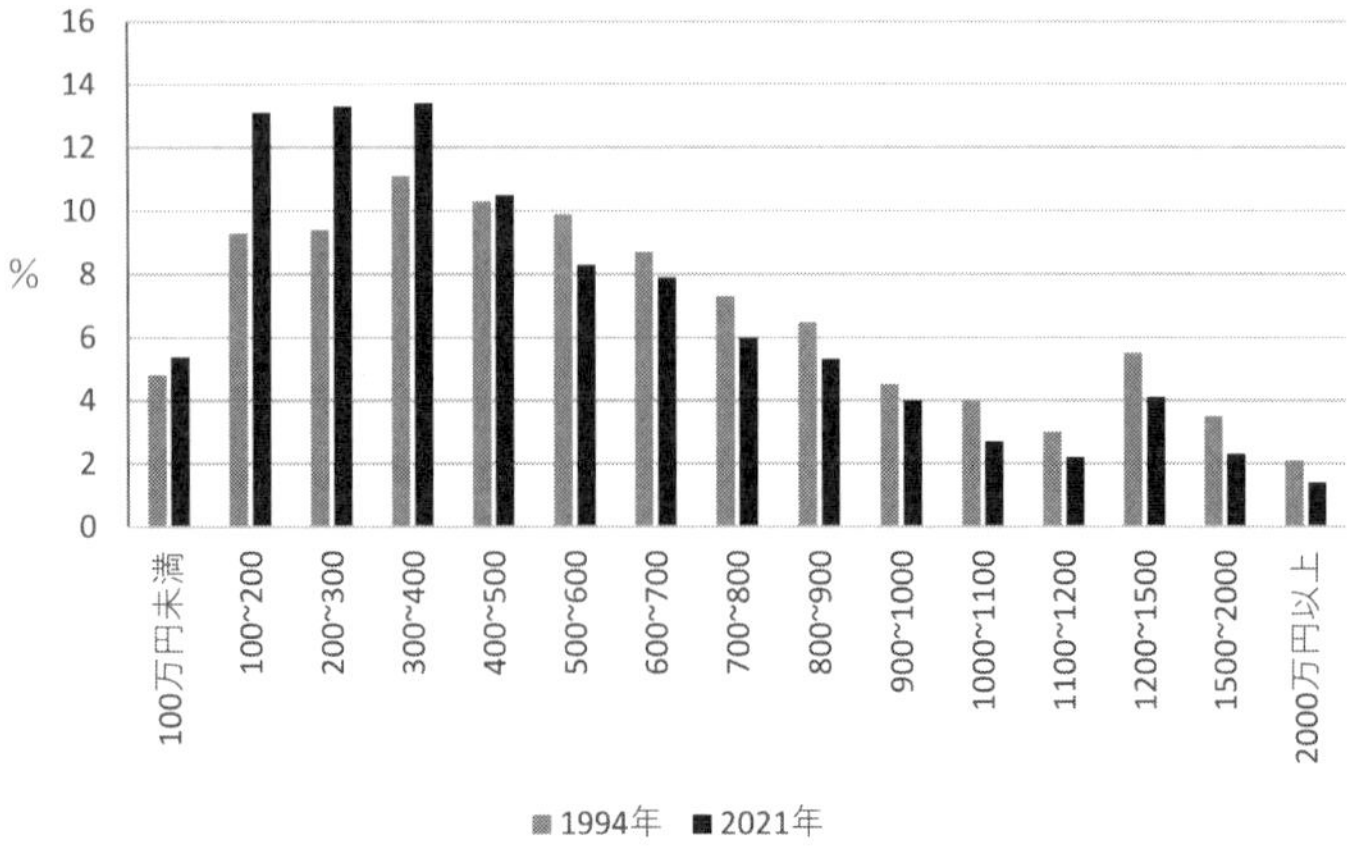

図2　所得金額階級別世帯数の相対度数分布

やアジアで４番目の国になってしまいました。一部の人は、「日本すごい」と自信を持ってる方がいらっしゃるようですけど、まずは現実を直視すべきと思います。

次に、所得分布を見てみたいと思います。図２は厚生労働省のデータを基にしたグラフです。所得金額階級別世帯数の相対分布で見ると、２０２１年の一番多い階層が３００万円から４００万円です。１９９４年も一番多かったのは３００万円から４００万円ですが、１００万円から２００万円や、２００万円から３００万円の階層は10%以下でした。ところが、２０２１年になると、それらが10%を超えている。つまり、年収の５００万円以上の世帯が減って、５００万円未満の世帯が増えていることが分かります。その結果、世帯の平均所得が１９９４年の６６４万円から５６４万円に１００万円近く減って

順位	1989年（平成元年）企業名	時価総額（億ドル）	国名	2018年（平成30年）企業名	時価総額（億ドル）	国名
1	NTT	1,638.6	日本	アップル	9,409.5	米国
2	日本興業銀行	715.9	日本	アマゾン・ドット・コム	8,800.6	米国
3	住友銀行	695.9	日本	アルファベット	8,336.6	米国
4	富士銀行	670.8	日本	マイクロソフト	8,158.4	米国
5	第一勧業銀行	660.9	日本	フェイスブック	6,092.5	米国
6	IBM	646.5	米国	バークシャー・ハサウェイ	4,925.0	米国
7	三菱銀行	592.7	日本	アリババ・グループ・ホールディング	4,795.8	中国
8	エクソン	549.2	米国	テンセント・ホールディングス	4,557.3	中国
9	東京電力	544.6	日本	JPモルガン・チェース	3,740.0	米国
10	ロイヤル・ダッチシェル	543.6	英国	エクソン・モービル	3,446.5	米国
11	トヨタ自動車	541.7	日本	ジョンソン・エンド・ジョンソン	3,375.5	米国
12	GE	493.6	米国	ビザ	3,143.8	米国
13	三和銀行	492.9	日本	バンク・オブ・アメリカ	3,016.8	米国
14	野村証券	444.4	日本	ロイヤル・ダッチ・シェル	2,899.7	英国
15	新日本製鐵	414.8	日本	中国工商銀行	2,870.7	中国
16	AT&T	381.2	米国	サムスン電子	2,842.8	韓国
17	日立製作所	358.2	日本	ウェルズ・ファーゴ	2,735.4	米国
18	松下電器	357.0	日本	ウォルマート	2,598.5	米国
19	フィリップ・モリス	321.4	米国	中国建設銀行	2,502.8	中国
20	東芝	309.1	日本	ネスレ	2,455.2	スイス

表1　世界時価総額ランキング：1989 年 vs. 2018 年

いる。1994年から2021年までの27年間で、平均所得が100万円も減っているという悲惨な状態になっているのです。

次に表1は、皆さんには衝撃的だと思います。これは「週刊ダイヤモンド」のデータをお借りしてきています。1989年（平成元年）の企業の世界時価総額ランキングと、2018年（平成30年）の世界時価総額ランキングの比較です。1989年はトップ10のうち、日本の企業が7社です。トップ11から20の間にも日本企業が7社あります。つまり、トップ20の中の14社が日本企業、それが2018年になるとトップ20はゼロです。日本企業のパフォーマンスが悪いから、日本経済が衰退しているのだと思います。

よく見てみると、NTTは今でもあります

が、日本興業銀行、住友銀行、富士銀行、第一勧業銀行、三菱銀行、三和銀行はすべては合併して生き残っているけど、トップ20には出てきていないということです。あと、2018年の方を見ると、サムソン電子が入ってますけど、1989年にトップ20に入っていた東芝も日立も2018年のトップ20からは消えてしまっています。

日本は1980年代半ばまでは半導体メモリDRAMで、世界シェア約80%だったのに、その後だんだん低下して、衰退している。なぜでしょう？　2018年のランキングだとこんな形で、上位はみんなIT企業になってますが、日本はそういった企業を育てられなかった。なぜなのでしょうか？　ソニーはなぜアップルになれなかったのか？

当時、円高だったからだろうと言う人がいるかもしれませんが、為替レートを見ると1989年12月の為替レートは1ドル143円、2018年12月の為替レートは1ドル110円。1989年の時の方が円安なのです。日本企業の経営がうまくいっていないその理由について後でお話ししますが、これが現状です。

ここまでの話で皆さんすごくよくお分かりになったと思います。日本経済が非常に劣化して、厳しい状態になっているということです。データで確認できたので、次に経済政策の基本ということで、経済政策の簡潔な説明をしたいと思います。

2　経済政策の基本

経済政策は短期と長期に分かれます。短期は2年とか3年のタイムスパンで、政策としては財政政策と金融政策の2種類です。これは「需要政策」ともいって、経済の需要サイドに働きかけて、モノを買って消費してもらったり、投資してもらって景気を良くしようという政策です。長期はそれ以上のタイムスパンで、国の生産性を上げる政策で、技術政策や教育政策になります。こちらの方は「供給政策」といって、国の経済の生産性を上げる政策です。

初めに短期の方をお話しします。財政政策というのは財務省が行う政策で、種類としては、税金の上げ下げ、財政支出、つまり政府の使うお金の拡大・縮小という政策があります。金融政策に関しては、中央銀行、すなわち日本銀行が行う政策で、世の中に出回るお金の量を増やしたり減らしたり、民間銀行に貸すお金の金利を上げたり下げたりする政策です。

それでは、景気が悪い時に何をしたらいいか。まずは減税です。減税するとなぜ景気が良くなるかというと、皆さんが消費に使えるお金が増えるからです。要は、税金として政府にとられるお金が少なくなるので、自分で使える分が多くなる。私がモノを買えば、それはモノを売った人の所得になりますから、みんなが今より多く消費すれば、みんなの所得が増えるわけです。だから減税すると景気が良くなるのです。

財政支出の拡大というのは、たとえば公共事業で道路を作ったりすると、道路を作った人に所得が入って、その人がモノを消費すれば、またそのモノを作っている人の所得が増えるということで、景気が良くなります。

金融政策で、日本銀行が世の中に出回るお金の量を増やすと、モノに比べてお金が増えるわけですから、お金の価値が下がる。つまり、今まで100円で買えたモノが、120円出さないと買えなくなる。インフレになっていきます。インフレになると、モノの値段が少しずつ上がっていくので、明日買うより今日買った方が良いということになって、今日の消費が増えます。デフレはこの逆で、今日買うのを我慢すれば、モノの値段が下がっていく。そうすると、お金は待てるだけ待っていようということで今日の消費は拡大しない。

今は、多くの国が大体年2%のインフレ率を目標としています。年に10000%のインフレだと困るけど、2%くらいのインフレはまあまあいいでしょうということで。そうするとお金の量を増やせば景気の刺激になる。

あとは金利を低下させるということで、皆さんが家を買おうと思った時に、金利が8%の時と2%の時だったら、2%の時に家を買いますよね。日本銀行が民間銀行にお金を貸す時に、金利下げれば、民間銀行も皆さんにお金貸す時に金利を下げるだろうということです。このようにして、金利を低下させると消費や投資が刺激されて良いですよねということです。景気が低迷している時だったら、これらの政策をやらなければいけないです。だから、これらをやっているかどうかをこれから確認していきますが、結論から言うと、財政政策では、ブレーキを踏み続けている。つまり景気刺激策をやってないです。金融政策では、緊縮のあとにバズーカ砲という極端な政策をやったけど、効果がなかったです。

3　現実の政策

①財政政策

まずは、税金についてです。皆さんはすごく税金を取られていますというお話をしたいと思います（笑）。財務省ホームページで、「我が国の税制の概要」というのがあります。勉強しようと思えば、誰でも勉強できます。さらに国税庁にもホームページがあって、税の説明がされていますが、これは複雑でなかなか分かりにくいです。

ただ、幸いなことに国税庁のホームページで、子ども向けの「税の学習コーナー」というのがあり、分かりやすく解説しています。この中で「税の歴史」というのを、たまたま発見したら、平成時代について次のように書いてあります。

「1989年（平成元年）に商品の販売やサービスの提供に対して3％の税金を納める消費税の導入や所得税の減税などを含む大幅な税制の改革が行われました。さらに消費税は1997年（平成9年）から5％の税率（地方消費税1％を含む）に、2014年（平成26年）から8％の税率（地方消費税1・7％を含む）、2019年（令和元年）から10％（地方消費税2・2％）に変わりました。このように、経済社会の変化にともない税の制度は変わってきました。これからも、豊かで安定した社会を築くために、税のしくみは変わっていくことでしょう」[*1]

これ見て、アレっと思った方がいらっしゃると思うでしょう。日本の1人当たり実質所得が停滞し始めたのは1997年からで、消費税が3％から5％に上がったのが97年です。それで、豊かになるために税の仕組みを変えますと言っているのに、そのあと私たちは全然豊かになってないということなのです。

消費税は不公平な税で、貧乏な人に厳しいです。月100万円の所得の人が月に生活費20万円使って2万円の消費税を払うと所得の2％ですが、月に15万円の所得の人が月に生活費6万円使って600円の消費税を払うと所得の4％、つまり消費税というのは、金持ちにも貧乏な人にも同じ税率が適用されるので、所得が低ければ低いほど高負担になるのです。だから本当は消費税はできるだけ少ない方がいいのです。私が大学生のころは消費税はなかったですから、なくても良いと思います。

所得税について、皆さんは中学や高校で累進課税というのを勉強されたと思います。財務省のホームページを見ると、所得税率がどのように変化してきたかが分かります。[*2] 1986年（昭和61年）までは、15段階に分類されて、最高税率が70％です。それが、分類が少なくなって、最高税率も引き下げられていきます。1999年（平成11年）から2006年（平成18年）が一番顕著で、分類が4段階になり、最高税率が37％になります。しかしその後、さすがにもうちょっと上げましょうということで、2015年（平成27年）からは、7段階、最高税率は45％になっています。つまり昭和の時代に、高額所得者はそれなりの税金を払っていたけど、現在はずいぶん楽になっているということです。

本当は、高額所得者でない人たちは、怒ってこれを止めなければいけないはずだったのですが、なぜかそうだよねみたいにして、そのまま現在に至っているということです。

次に、所得税を計算する時に、皆さんが受け取る給与収入から「給与所得控除」と「人的控除」を引いて、課税対象所得を計算するのですが、意外にこの「控除」について気にしている人が少ないのではないかと思います。この控除が段々と減らされてきているのです。

たとえば、2004年（平成16年）には、「人的控除」に分類される配偶者特別控除が変更されて、「上乗せ部分」が廃止になりました。これはどういうものかというと、配偶者の収入が103万円未満の時に、配偶者控除に加え配偶者特別控除の上乗せ分という控除が適用されてたのですね。配偶者の給与が0円の時、配偶者控除の38万円に加えて、上乗せ部分でさらに38万円、合計76万円の控除ができたのが、その上乗せ部分がなくなったということです。

その配偶者控除は、さらに2018年（平成30年）に変更され、合計所得金額が1000万円を超える納税者は、配偶者控除も配偶者特別控除も受けることができなくなりました。このほかにもいろいろ控除は減らされてきています。控除が減らされてくると、課税対象所得が増えますから、同じ税率でも納める税金が増えるわけです。

私も最近知ったのですが、森林環境税というのがあって、2024年度から導入される税金らしくて、国民に一律で年間1000円を課すらしいです。ところが、神奈川や大阪の37府県では、すでに独自に森林税を設けているそうで、そういうところでは二重の課税になってしまう。また笑ってしまうのが、森林税は2024年から導入されるのですが、なぜか24年の前にすでにお金を配ってて、未活用額が4年間で450億円になっているらしいのです。[*3]

他方、企業への税金はどうなっていたかというと、1984年（昭和59年）の時は法人税率は43・3%だったのです。[*4] それがだんだん下がっていって、今は23・2%、半分です。法人税率はどんどん下げて今半分になっている一方で、消費税を導入して消費税率はどんどん上げて、さらに所得控除を減らして庶民から税金取るという世界になっています。

その結果、経済成長をほとんどしていない中で、政府（一般会計）の税収（図3）は、200

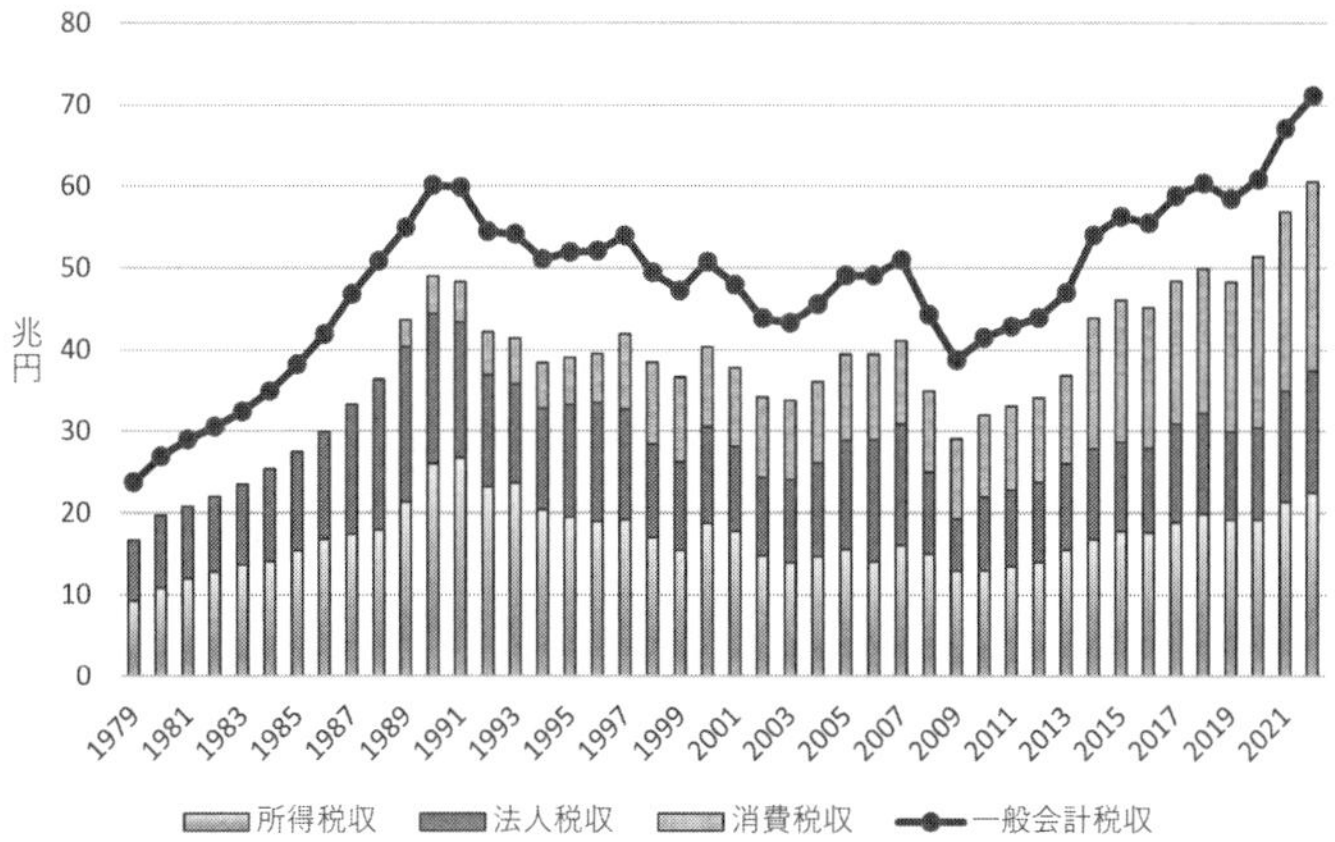

図3　一般会計税収の推移

9年の38・7兆円からどんどん増えてきて、２０２２年は69・4兆円になっています。本当にどれだけ税金取られたのかという話です。消費税の導入とか、各種控除の削減とかが効いていると思います。

経済指標の一つに国民負担率というのがあります、租税負担の額と社会保障負担額を合わせたものが、国民所得の何%かという指標です。要は、皆さんが所得の中からどのくらい税金と社会保障、つまり医療費や介護のために支払っているかということです。

この国民負担率（図4）は、１９７５年（昭和50年）のころだと25・7%、つまり所得の約4分の1だった。それが、現在の２０２３年（令和5年）になると、46・8%、つまり所得の約半分は税金と社会保障のために納めていることになります。今ではXという名前になっている旧Ｔｗｉｔｔｅｒの中では「五公五民」、すなわち「死なぬように、生きぬように」と言われた

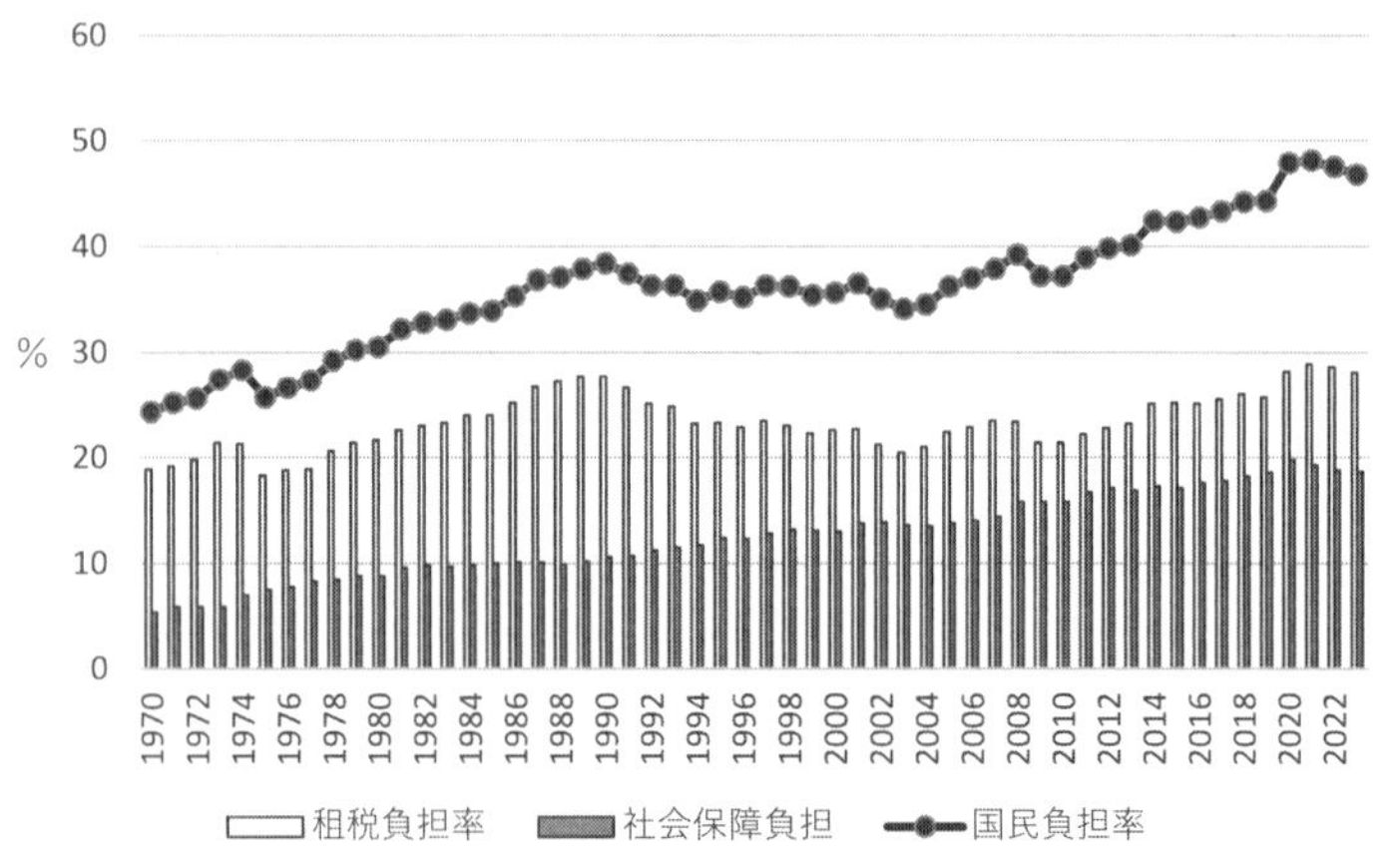

図4　国民負担率の推移

江戸時代の農民の年貢の割合と変わらない、と怒っている人たちがいます。私もそう思います。これ以上の負担は無理でしょうし、やめてほしい。

他方、財政支出の方はどうかを見てみると、２０００年ぐらいまでは上げていました。財政支出を拡大して景気を良くしようとしていたのです。ところが、その後から下げているわけです。景気が停滞していたにもかかわらず、財政支出を縮小した。２００９年でポンと上がっているのはなぜかというと、２００８年ぐらいにリーマンショックが起きて景気が凄く悪くなったので、上げざるを得なかった。そのあとは、現状維持。でまた２０２０年でポンと大きく上がっているのはコロナ対応ですね。

図５から分かることは何かというと、消費税などの増税はしたけど、財政支出の拡大はしてない。よっぽどのことがない限り、財政支出は拡大しな

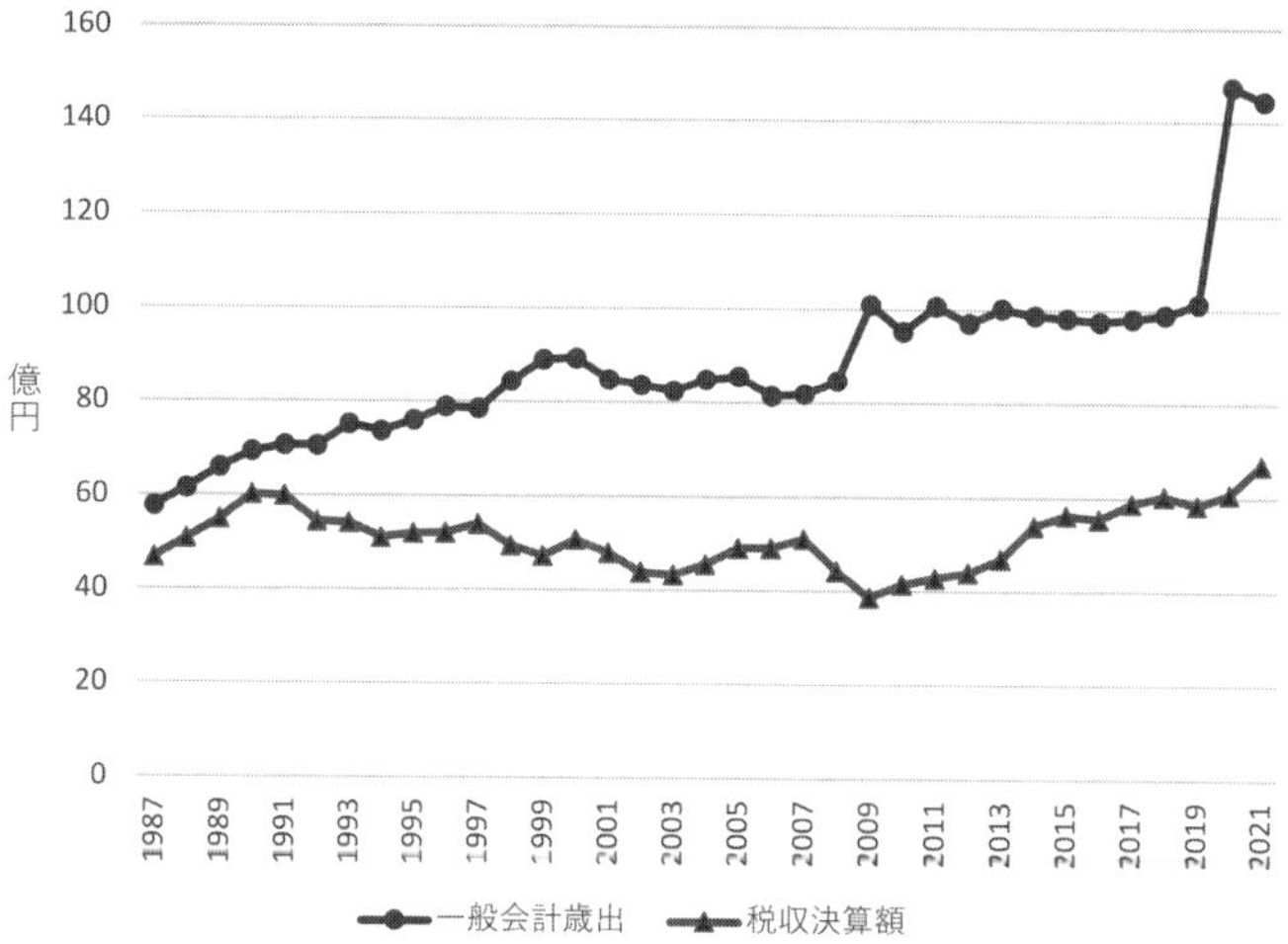

図5　財政収支の推移

い。だからずっとブレーキ踏んだままです。アクセルを踏んでないから、景気が良くなることはありえないです。

②金融政策

次に金融政策を見てみましょう。日本銀行のホームページからデータが取れます。金融は専門的な用語が多いので、なかなか難しいです。マネタリーベースというのは、日本銀行が世の中にお金を注入してるんですけど、そのお金の量のことです。

図６は１９９６年からのデータです。初めはマネタリーベースをわずかに増やしているのですが、２００６年くらいにちょっと減らして、その後あんまり変わらないです。当時はデフレだったので、２００８年に就任した白川方明《しらかわまさあき》日銀総裁に

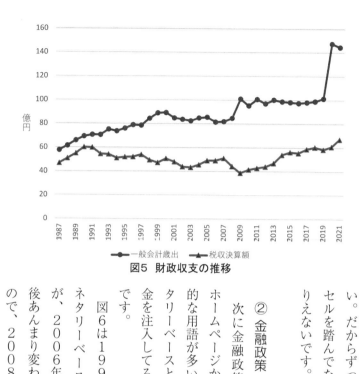

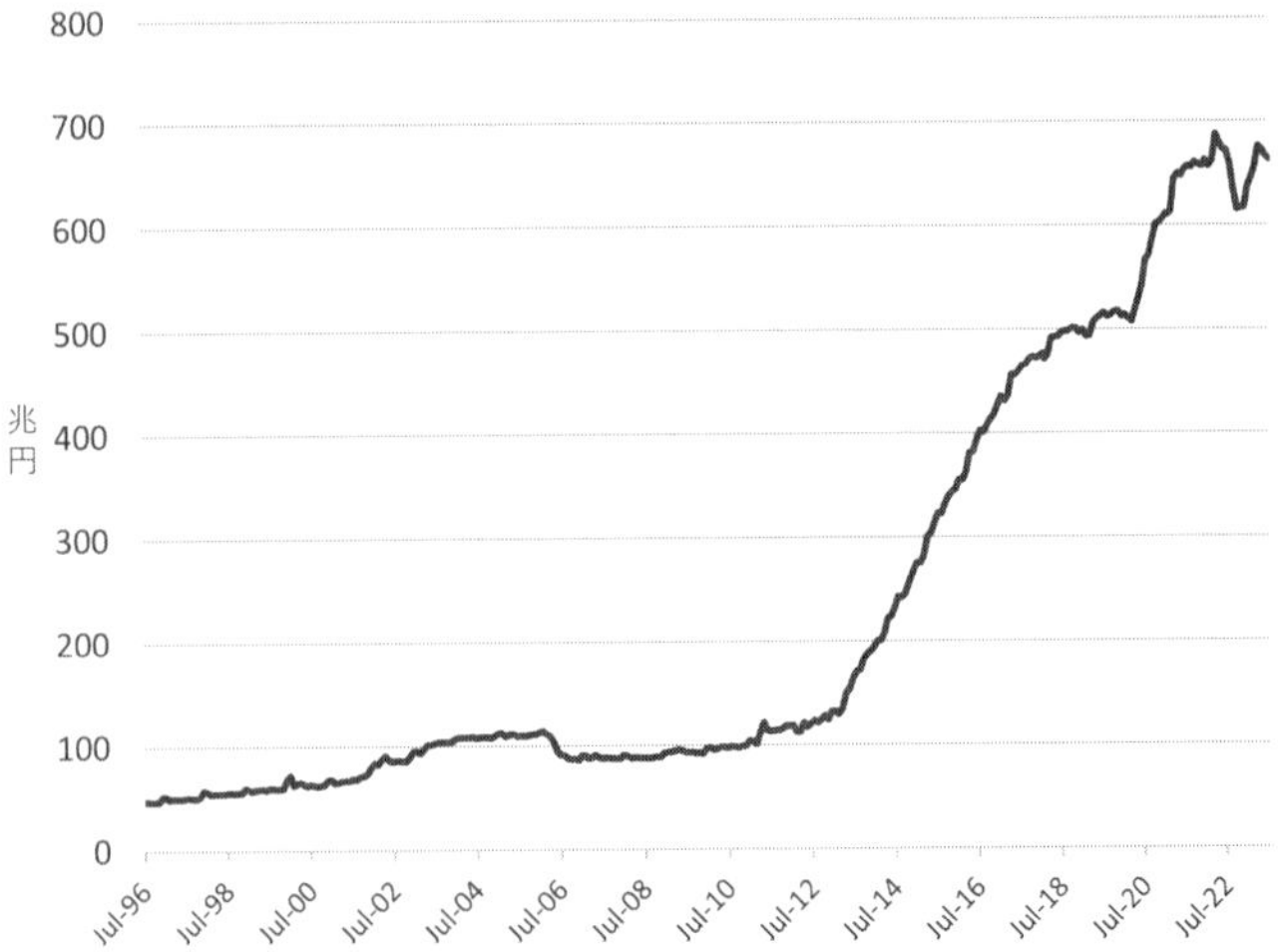

図6 マネタリーベース平均残高の推移

対して、「なんでマネタリーベースを増やさないんだ」と批判的な記事がいっぱい出ていたころです。

ところが、第二次安倍内閣が２０１２年12月に成立して、２０１３年3月に白川日銀総裁の任期が切れたので、財務省出身の黒田《くろだ》東彦《はるひこ》さんが日本銀行の総裁になったら、いきなりマネタリーベースを急増させました。すごい量ですね。「黒田バズーカ」とか呼ばれていました。つまり、世の中にお金をジャブジャブ注入した。これをやったら普通はインフレになるはずなんですけど、そうならなかったのです。

図7はインフレ率の推移です。あれだけ貨幣の量を増やしたのに、インフレにならなかった。ようや今インフレになっているのは、ロシアによるウクライナ侵攻によって資源価格が高

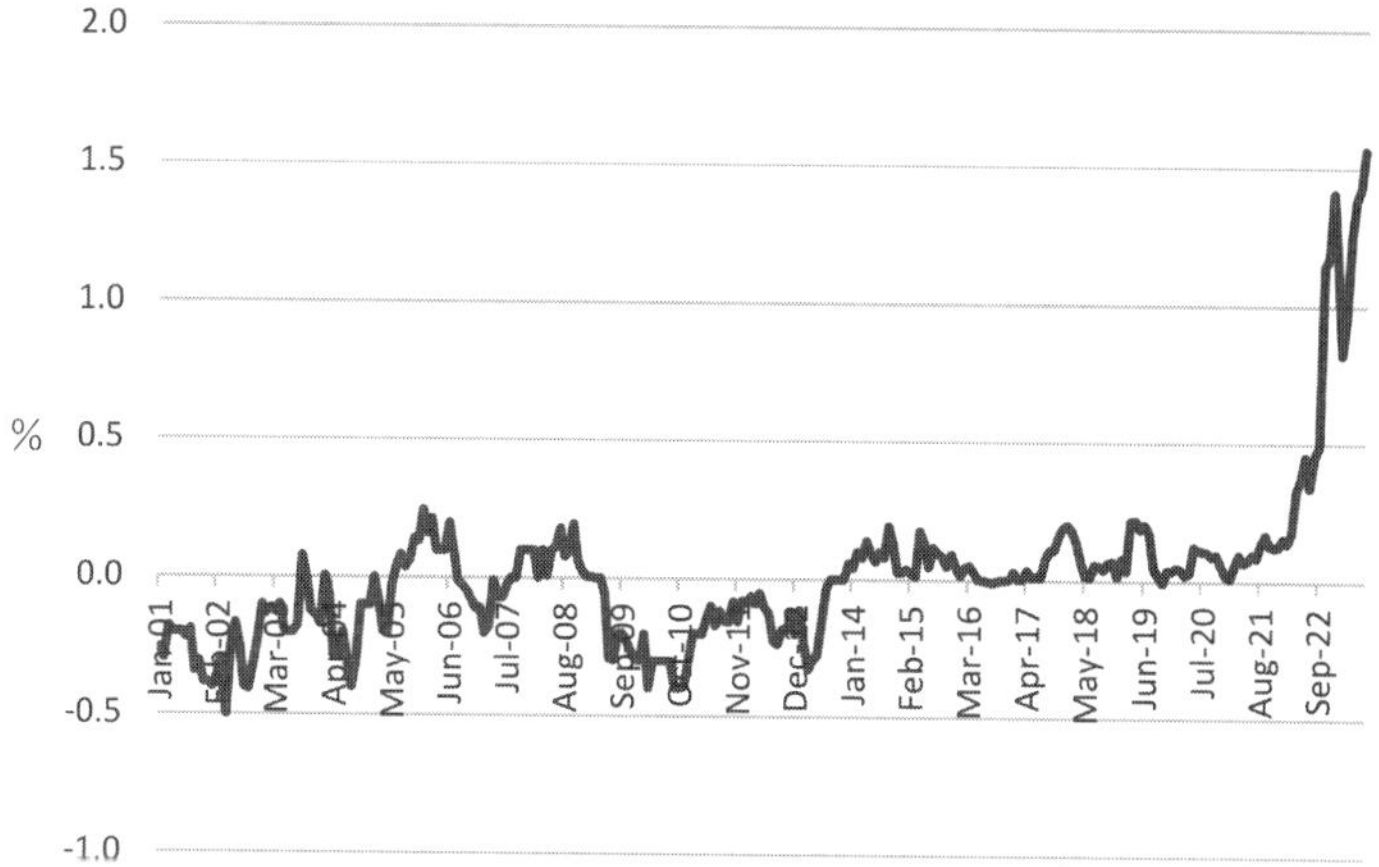

図7　インフレ率の推移（加重中央値　前年比）

騰したり、穀物価格が高騰したことに加え、円安の影響も出ていると思います。

図8の日銀の貸出金利も1995年ぐらいから1%を下回ってますから、これ以上、下げることができないです。しかし、景気は良くならなかった。金融政策はやれることはすべてやったけども、うまくいかなかったということです。

これまでのことをまとめると、短期の経済政策について、財政政策は増税したことで、国民負担率はどんどん上がり、いまや所得の50%近くになっている。景気の悪い時にやるべきことと、反対のことをやっています。他方、金融政策は緊縮の後にバズーカを撃ったわけですけど、一向に景気は上向かなかった、ということです。

その結果、どうなったかといえば、二人以上世帯の実質消費支出がどんどんどんどん減っています。

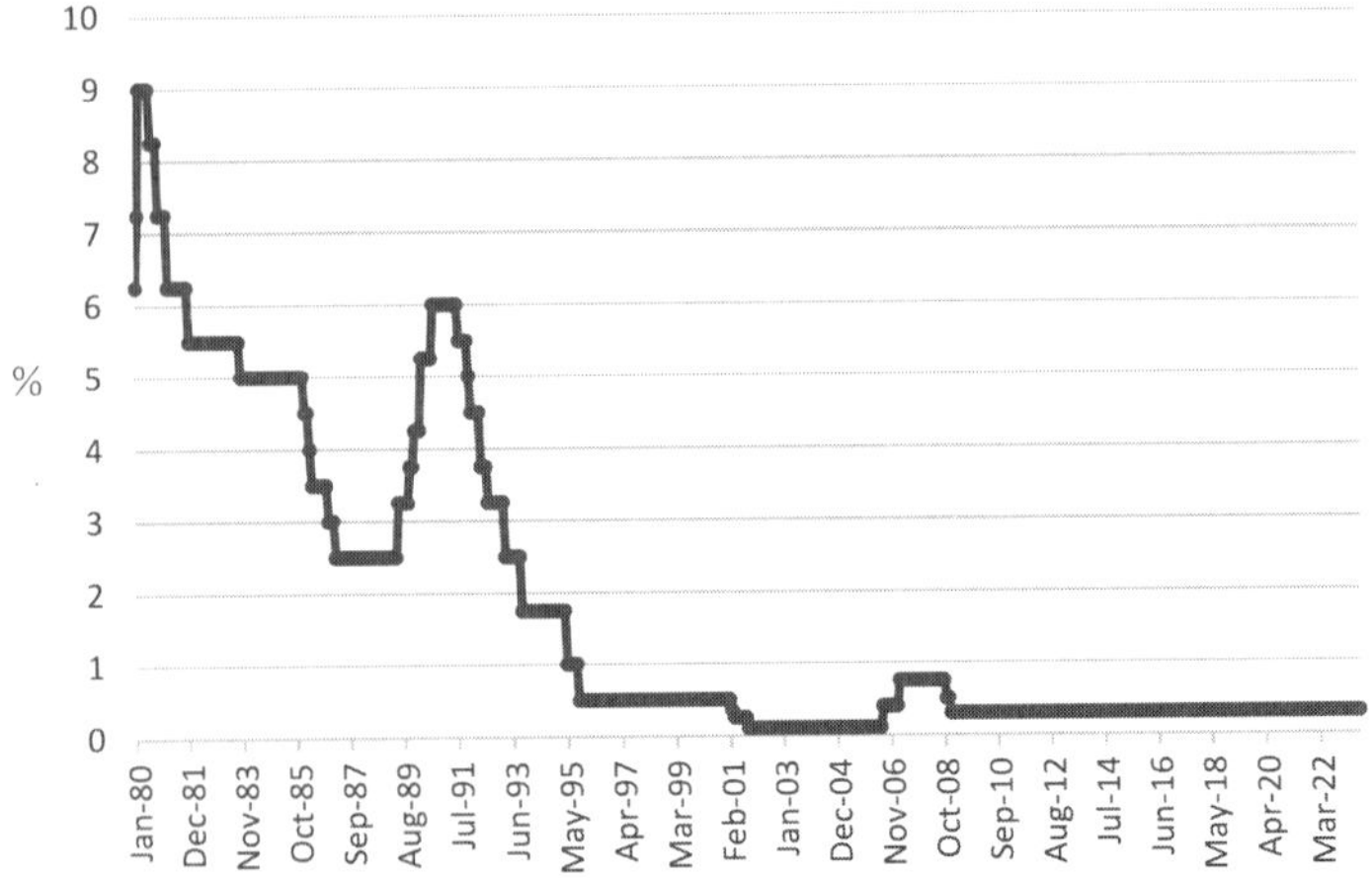

図8　日銀貸出金利（基準貸付利率、月次）の推移

２０００年から測ってますが、２０２０年の値を１００として、２０００年には１１８という指数だったのが、今は98・８まで下がっています（図9）。これ当然といえば当然で、所得が増えない中で税金を取られているのですから、モノに使えるお金が少なくなって、消費が減っているということです。消費というのは誰かからモノを買っているのですから、当然モノを売ってる人の所得も減っているということで、まさに日本経済は悪化の一途ということです。

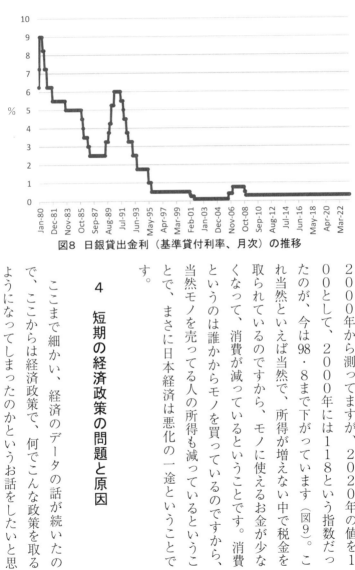

4　短期の経済政策の問題と原因

ここまで細かい、経済のデータの話が続いたので、ここからは経済政策で、何でこんな政策を取るようになってしまったのかというお話をしたいと思

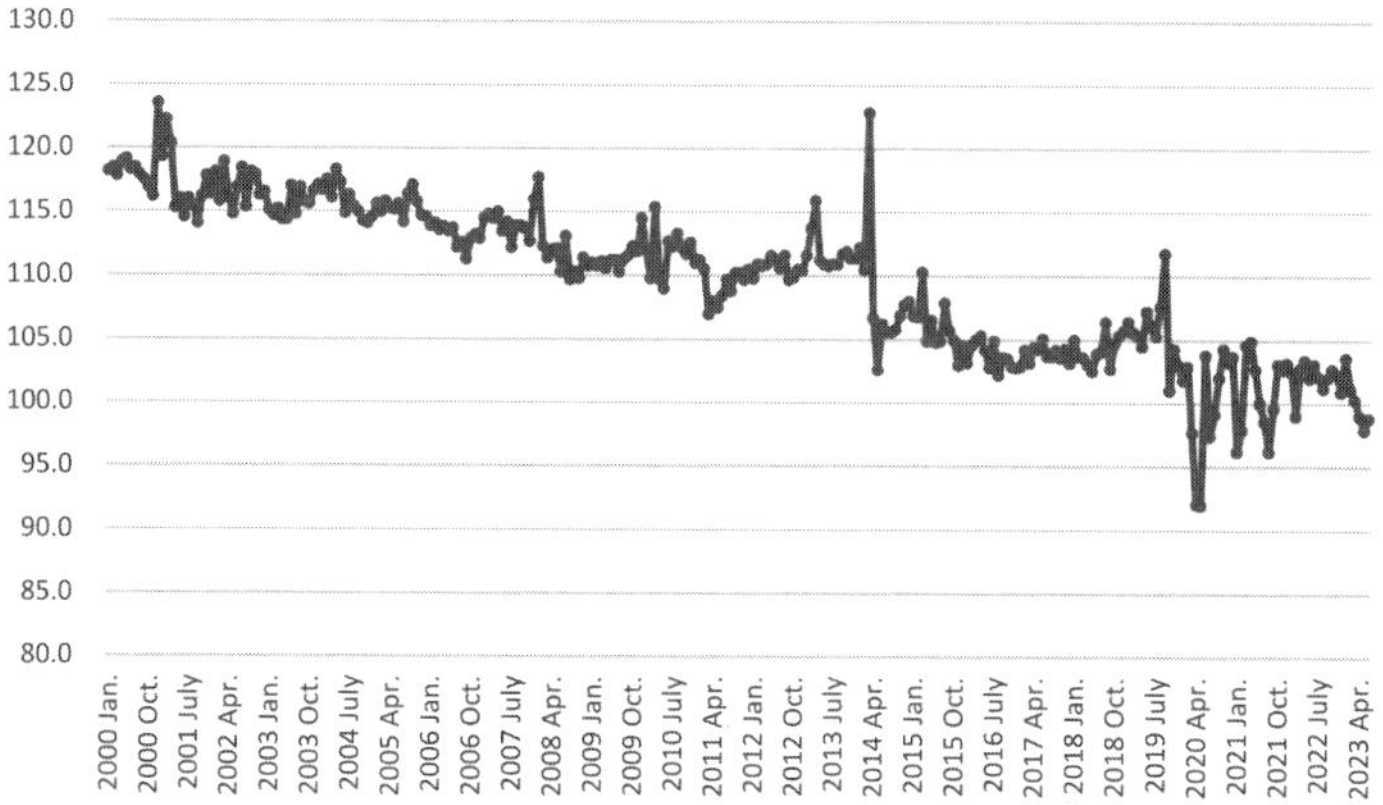

図9　二人以上世帯の実質消費支出指数（2020 年＝ 100）

います。

初めに増税の話です。なぜこんなに増税しているのか？　ということです。財政政策は財務省の管轄ですが、財務省の一番の仕事は国の財政をバランスさせる、ということだと思います。図6を見ていただければ分かりますように、1990年以降、財政支出は増加しているのに税収が減ってきていたので、財政はずっと赤字だった。赤字になると国債を発行して、つまり借金をするわけですから、財務省としてはこの借金を減らすというのが一番の仕事になるわけだと思います。

したがって、私はこれは財務省の仕事なので、こういう思考になることを非難することはできないと思います。彼らはそれが仕事なので。ただ経済政策という観点から言うと、今増税するのは適切な時期ではないと思います。

そうすると、このような間違った経済政策を、本来であればジャーナリズムやメディアが批判しないといけないと思います。あとは、経済学を分かっていて、財務省を説得できる力のある政治家が、財務大臣や経済再生担当大臣のポジションについていないといけないでしょう。

さらに、効果の薄い財政支出を増やさないというのも大事だと思います。バイデン米大統領が日本の防衛費増額のため、日本の指導者を3回説得したというニュースをご覧になった方がいるかもしれません。[*5] 防衛費増額で、アメリカの武器を日本政府が買うと、そのお金はアメリカの軍需産業に行くわけです。先ほど、財政政策のキモは、財政支出を増やすことで、そのお金が誰かの所得になり、その人が増えた所得でまたモノを買うことで、また誰かの所得が増える、という説明をしました。日本がアメリカの武器を買うことで、アメリカの軍需産業に勤めているアメリカ人が日本のモノを買ってくれれば良いですが、そうはならないでしょう。

あと、2024年度の一般会計予算の概算要求総額が過去最高の114兆3852億円だったというニュースも流れました。[*6] 財政拡大して、それが経済的に厳しい人の所得になり、彼らがモノを前より買えるようになれば、景気浮揚効果もあるでしょうが、企業への補助金や利権を持っている人へお金が回るようであれば、景気浮揚の効果は低いと思います。予算要求の中に入っている「新しい資本主義」関連の4兆円近いお金は、何に使われるのでしょうか？ メディアは注視していかないといけないです。

私は学部長になってからタダで学部の宣伝できるので、便利だと思って旧Ｔｗｉｔｔｅｒをやっているのですが、旧Ｔｗｉｔｔｅｒをやっていて本当に良かったなと思っています。たとえば、小沢一郎さんという政治家がいますよね。彼の事務所のツイートでこんなのがありました。「①今年4月に発足した『こども家庭庁』。内実は、厚労省子ども家庭局の看板をかけ替えて、内閣府のいくつかの部署を統合してお茶を濁しただけの組織。だが、子ども家庭局長の年収が１８００万円ほどであったのに対し、こども家庭庁長官の年収は事務次官と同じ２３００万円程度と５００万円もアップしている」と、つぶやかれています。[*7] へぇ、という話ですけど、こういうことは新聞などに載っていないだろうと思います。

これを見てから、新しくできた庁はどのくらいあるのか調べてみました。２００８年10月観光庁、２００９年9月消費者庁、２０１２年2月復興庁、２０１２年9月原子力規制庁、２０１５年10月スポーツ庁、２０１５年10月防衛装備庁、２０１９年4月出入国在留管理庁、２０２１年9月デジタル庁、２０２３年4月こども家庭庁、２０２３年9月内閣感染症危機管理統括庁と、10の「庁」が新設されています。これらの長官の給料はバカになりません。全部が全部内容のないものかどうかは分かりませんが、メディアにはしっかり調べて報道してもらいたいものです。

ここから核心に行きます。、財務省のホームページを見ると、「これからの日本のために財政を考えるという」ページがあります。[*8] クリックすると、「Ⅰ　日本の財政構造」という項目があって、その下に「予算はどのような分野に使われているのか」、「財政はどのくらい借金に依存しているのか」、「なぜ財政は悪化したのか（財政構造の変化）」、「諸外国の支出と税収の規模」とかのページがあります。

「Ⅱ　厳しい財政事業」の項目に行くと、「どのくらい借金に依存してきたのか」、「日本の借金の現状」、「『借金』の問題点」というページがあります。

すごく恐怖を煽るような感じですが、「諸外国の支出と税収の規模」というページでは、こう書かれているのです。

「財政構造を諸外国と比較すると、現在の日本の社会保障支出の規模は対ＧＤＰ比で国際的に中程度であるのに対し、社会保障以外の支出規模は低い水準であり、これらを賄う税収の規模も低い水準となっています[*9]」

どういうことかというと、社会保障支出を対ＧＤＰ比で国ごとに並べると日本は26・4％で14位。社会保障以外の支出を対ＧＤＰ比で見ると日本は21・2％で26位、つまり社会保障以外は手厚くない。で、日本の租税収入は対ＧＤＰ比で19・7％の26位だからまだ増税する幅がありますよねと、増税して社会保障以外の支出も上げていってもいいじゃないですか、みたいに私には読めます。

あれ、おかしいなと。さっき国民負担率約50％ということで、かなり高いはずだった。で、この日本の租税収入が対GDP比で19・7％という数字は2020年のものということなんで、先ほどの国民負担率のグラフを見てみると、2020年の租税負担率は28・2％です。調べてみると、国税が17・3％で地方税が10・9％なので、おそらく、財務省のホームページに出ている19・7％は国税なのでしょう（ちょっと値が違いますが）。何が言いたいかというと、税負担という時に国税だけで判断していいのか、という疑問です。

あともう一つ、これもよく出てくるやつで、「Ⅱ　厳しい財政事業」の項目の「日本の借金の現状」というページには、「日本の債務残高はGDPの2倍を超えており」という記載があって、「主な国の債務残高（対GDP比）」というグラフがあって、日本の債務残高の対GDP比が2023年には推計で258・2％になって、ほかの国に比べて極端に多いということが示されています。ちなみに同じ年、イタリアが140・3％、米国は122・2％、英国が106・2％です（図10）。

消費税増税の前とかに、よくニュース番組がやる新橋駅前のインタビューで、酔っ払ったサラリーマンに「消費税増税どう思いますか？」と聞くと、そのおじさんが「これだけ借金あるとしょうがないよね」とか、「子どもの代に負担させたくないし、将来のために仕方ないかな」とか言って、みんな納得して消費税増税OKみたいになってしまう。

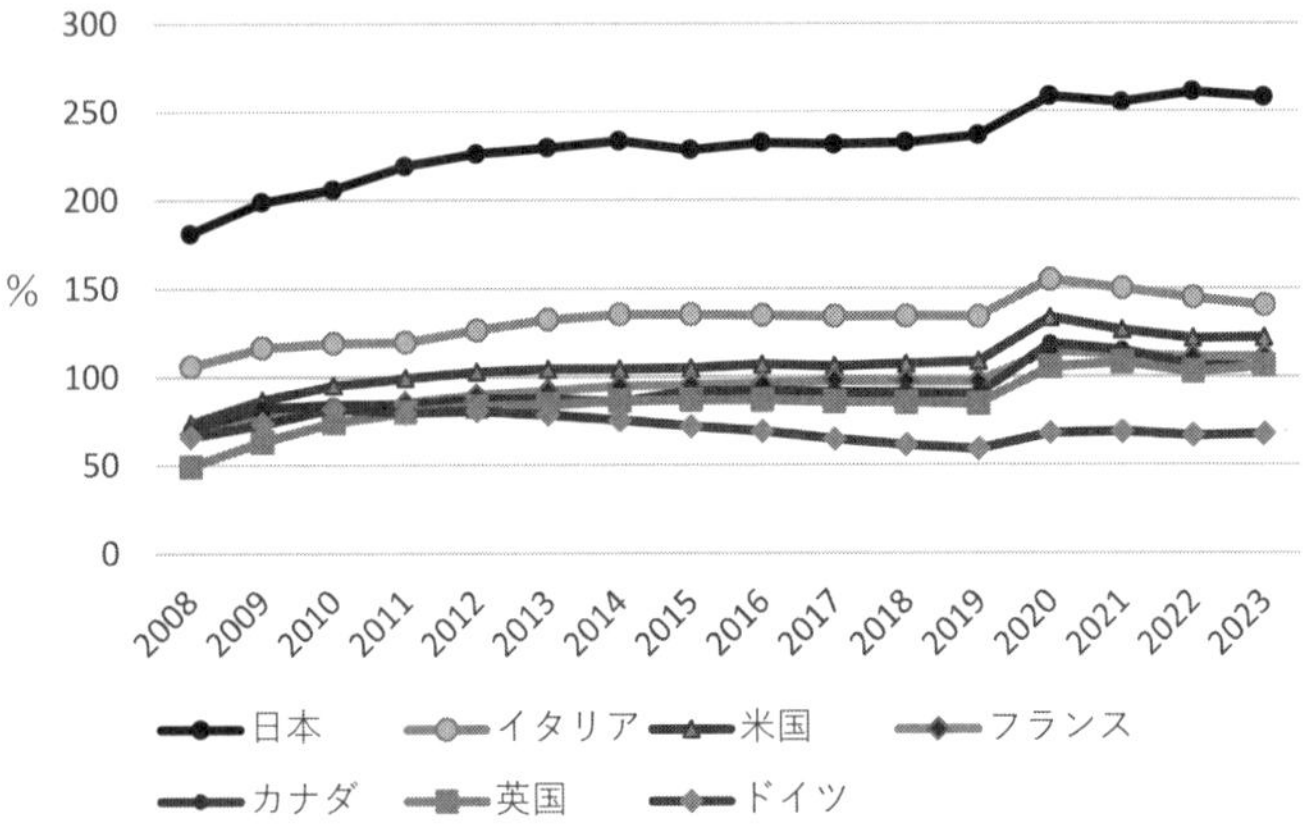

図10　主な国の債務残高（対GDP比）

ところが財務省のサイトにこういう資料が載ってるのです。「連結財務書類と国の財務書類（一般会計・特別会計）の比較」[*10]（表2）。これちょっと複雑なので解説しますと、これはいわゆる国の貸借対照表です。貸借対照表ってバランス・シートといわれるもので、要は「資産」と「負債」の状況を示すものです。会社にお勤めで、経理関係のお仕事をされている方はよく分かるのではないかと思います。

まず、〈負債の部〉の方を見てみましょう。右側ですね。国の財務書類という列に、公債１１１４・０と書いてあります。これは単位が兆円なので、国の発行した債券の残高が１１１４兆円ということを意味すると思います。日本のＧＤＰって大体５００兆円なので、まあ、ＧＤＰの２倍とはこのことかと思いますね。このほかにもいろいろな項目があって、国の負債合計額が１４１１兆円。ここで、ああ日本国って借金

連結財務書類と国の財務書類（一般会計・特別会計）の比較
国の財務書類との比較（令和３年度末）　連結貸借対照表　（単位：兆円）

	国の財務書類	連結財務書類	差額		国の財務書類	連結財務書類	差額
＜資産の部＞				＜負債の部＞			
現金・預金	48.3	86.3	38	未払金等	12.1	15	2.9
有価証券	123.5	353.7	230.2	政府短期証券	88.3	88.3	-
たな卸資産	4.2	4.9	0.7	公債	1,114.0	1,103.1	▲10.9
未収金等	11.6	13.4	1.8	独立行政法人等債券	-	63.9	63.9
貸付金	123.2	161.6	38.4	借入金	33.6	42.3	8.8
運用寄託金	113.7	-	▲113.7	預託金	10.4	1.9	▲8.6
貸倒引当金等	▲1.5	▲3.9	▲2.4	郵便貯金	-	0.6	0.6
有形固定資産	193.4	280.1	86.7	責任準備金	9.3	28.8	19.5
無形固定資産	0.4	1.2	0.9	公的年金預り金	122.3	126.7	4.4
出資金	93.3	22.3	▲71.0	退職給付引当金等	5.8	8.4	2.6
支払承諾見返等	-	2.3	2.3	支払承諾等	-	2.3	2.3
その他の資産	13.9	20.9	6.9	その他の負債	15.2	33.1	17.8
				負債合計	1,411.0	1,514.3	103.4
				＜資産・負債差額の部＞			
				資産・負債差額	▲687.0	▲571.6	115.5
資産合計	723.9	942.8	218.8	負債及び資産・負債差額合計	723.9	942.8	218.8

表２　連結財務書類と国の財務書類（一般会計・特別会計）の比較

大国だなとなるわけですが、今度は左側を見てみましょう。

〈資産の部〉を見ると、有形固定資産で１９３・４兆円、有価証券で１２３・５兆円とか持っていて、国のトータルで７２３・９兆円の資産があることが分かります。そこで、もう一度右側の下を見てみると、「資産・負債差額」という項目があります。この金額が、▲６８７・０兆円と書いてあります。▲はマイナスという意味で、７２３・９兆円から１４１１兆円を引くとマイナス６８７・０兆円になります。小数点以下一桁があわないのは、四捨五入しているせいです。つまり、国の資産と負債を比較すると、負債が６８７兆円上回るということです。

これから何が分かるか。たしかに政府の借金はＧＤＰの２倍近くあるけど、資産も結構あって、足し引きすると、GDPの1・4倍くらいだ、ということです。ああ、さっきのイタリアと同じくらいだ、となるわけです。イタリアの数字は資産の方は加味していませんが。

次に「連結財務書類」って何？　ということになります。連結対象法人というのがあって、国（各省庁）が監督権限を持って、国（各省庁）から財政支出を受けている法人のことです。[*11] 具体的には、国際協力機構、年金積立金管理運用独立行政法人、国立大学法人、日本郵政株式会社、日本政策金融公庫などです。つまり、これら機関も含めて「広義」の国と考えた時の資産、負債が「連結財務書類」の数字になるわけです。

先ほどと同じく、右側の〈負債の部〉で「連結財務書類」の列を見ると、公債の残高は1103・1兆円となり、さっきの1114兆円よりちょっと減りますが、独立行政法人等債券残高が63・9兆円あって、トータルで1514・3兆円の負債になります。

ところが〈資産の部〉の方を見ると、有価証券が353・7兆円に増え、有形固定資産も280・1兆円に増えて、トータルで942・8兆円も資産があることになり、資産・負債差額はマイナス571・6兆円になります。つまり、「広義」の国の純負債額は571・6兆円ということです。これなら、GDP500兆円の114％ですから、先ほどの例で言えば、米国の122・2％より低くなります。

変なたとえかもしれませんが、母親に1411万円の借金あるので、あんた少し援助してくれって言われて、援助としてお金を送っていたら、母親は銀行に724万円預金してた。それでもって、実は母親が会社を持っていて、トータルでは借金は1514万円に増えるけど、預金は増えて943万円もあった、みたいな感じですね。これでも母親にお金を送るのか？ということです。

何で私がこのことを知ったかというと、高橋洋一さんの本を読んで知りました。[*12] この方は、財務省におられた方で、国のバランス・シートを作った方だと記憶しております。このことは、結構、知っている人は知っている話で、最近だと、萩原博子さんや森永卓郎さんも書いています。[*13] しかしこの話は、あまりテレビや新聞では伝えられてはいません。

「主な国の債務残高（対GDP比）」も、本当は「主な国の「純」債務残高（対GDP比）」で比較した方がいいと思います。「純」債務残高とは、債務額から資産額を引いた数字です。だって、企業だって「借金」＝負債の金額だけで信用評価するのではなくて、「資産」と「負債」を天秤にかけて、信用評価するわけですから。

いままで「日本の国の借金はとんでもない額なんだ！」と、いろんなところでマスコミも含めて言ってきたから、国民は「それじゃあ俺たちの年金も危ないよね」とせっせせっせと貯金してきたと思うのです。貯金するということは「消費しない」ということですから、景気がどんどん悪くなるわけです。バブル期に経済がドンドン拡大していったのは、皆、せっせせっせと消費してたからだと思います。あそこまで、むやみに消費することはないと思いますけど、政府が信用できて、税金を無駄遣いしなくて、皆さんの年金もきちんと払いますよと言っていたら、もっと景気は良くなっていたと思います。

次にあれだけマネタリベースを増やしたり、貸出金利を下げたのに、なぜ景気が良くならなかったのか？　という話です。これを理解するには、この利益剰余金、いわゆる内部留保の数字を見れば一目瞭然です。

２０１２年に３００兆円だった利益剰余金、つまり企業の中にたまっているお金である内部留保が２０２１年段階で５００兆円を超えているのです（図11）。これは驚くべきことで、日本のＧＤＰ、つまり皆さんが１年間汗水流して働いて稼いだお金の総額と同じ金額が、企業の中に溜まっているのです。これだけお金持っていたら、企業はお金を借りませんよね？　だから金利下げても効果がない。

これは変ではないですか？　普通だと、これだけ企業の中にお金が溜まっていると、労働組合が経営者と交渉して従業員の賃金を上げろと言うはずなのです。あるいは、株主がそれだけ企業の中にお金が溜まってるんだったら、配当で我々株主にもっと還元しろと言うはずなのですが、なぜかお金が溜まっている。なぜ日本の労働組合や機関投資家は要求しないのか、不思議です。

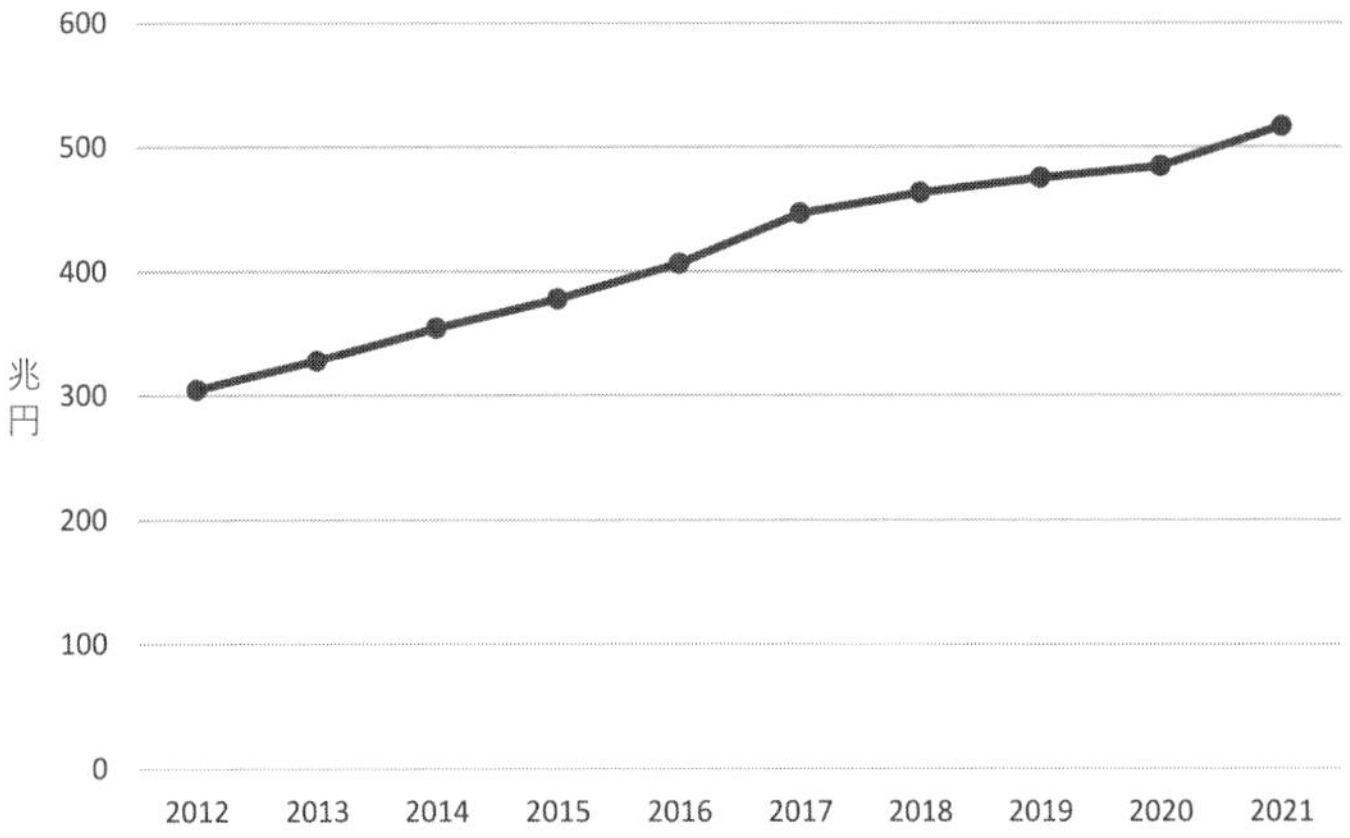

図 11　利益剰余金の推移

もう一つ、面白いグラフがあります。株価と為替レートを一つのグラフに書いてみました（図12）。為替レートは下に行けば行くほど円高で、上に行けば行くほど円安です。２０１２年12月、第二次安倍政権が発足した時、日経平均は大体８０００円くらいだったんです。それが、２０２３年４月には３万２０００円くらい。なんと４倍近くになっています。１０００万円投資していたら、４０００万円です。

他方、日本の経済活動を表すＧＤＰはずっと５００兆円くらいでほとんど変わらない。しかし、株価だけ４倍です。株価は企業価値を表すのですが、企業の経済活動が滞っているのに、株価だけ上昇している。株価と為替レートはかなり連動していて、円安にすれば、株価は上がるということです。特に２０１７年くらいまでは。２０１７年から22年ころまでは為替レートは、あまり動きはないですが、株価

図 12　円安と株価のトレンド

は上昇しています。実は日本銀行は上場投資信託（ＥＴＦ）という事実上の株式を買っているのです。２０１７年から20年にかけて毎年４兆円から７兆円も買っていたらしいです。[*14] 当然、株価は上がります。

株が上がると喜ぶ人は誰か、株を購入している人は富裕層です。あとは企業経営者です。企業経営者は自分が経営してる株が上がれば、それは勲章ですから。マネタリーベースをガンガン拡大して、円安になって株価が上がっていったというのが、今までのことだと思うのです。マネタリーベースを拡大するということは、世の中にある貨幣の量を増やすということで、ドルに対して円があふれていれば、当然円の価値は下がる、つまり円安になります。円安の動きがストップすれば、ＥＴＦで株を買ってさらに株価を押し上げる。

	0時間	1 - 5時間	6 - 10時間	11時間以上
米国	0.3	15.3	26	58.4
日本	9.7	57.1	18.4	14.8

表3　授業以外の学習時間（予習・復習等）（1週間あたり）
日米の大学1年生の比較（単位：%）

なんで、こんな状態が放置されてきたのでしょうか？　その前に、ずっとお話ししていなかった長期の経済政策についてお話ししたいと思います。

5　長期の経済政策の問題点

長期の経済政策っていうのは、国の技術力を高めたり、教育レベルを高めて国全体の生産性を上げるというのが具体策なのですけど、その中核をなす日本の高等教育は機能してきたのでしょうか？　というのが今回の一番の私の問題意識です。

表3は首相官邸が作った資料を基にしています。アメリカと日本の大学1年生の1週間あたりの予習・復習の時間の比較です。「授業以外の勉強時間」です。アメリカだと58・4％が11時間以上勉強しているのです。11時間以上なので、たとえば12時間勉強しているとすれば、1週間7日のうち6日勉強するとして、1日2時間勉強しているということです。ところが、日本の大学1年生は、0時間というのが9・7％、つまり1割です。あと1時間から5時間は57・1％です。1時間から5時間というのは幅があるので、たとえ

TOEFL iBTの平均点（2019）:アジア諸国

Name	Reading	Listening	Speaking	Writing	Total
Singapore	24	25	24	24	98
Malaysia	23	24	22	23	91
Hong Kong	21	23	22	22	88
Philippines	20	22	23	22	88
Indonesia	21	22	21	21	86
Viet Nam	21	21	21	22	84
Korea, Republic of	22	21	20	20	83
Taiwan	22	22	20	20	83
China	21	20	20	20	81
Thailand	20	21	20	20	80
Cambodia	16	18	20	19	73
Japan	18	18	17	18	72

表4：TOEFL iBT 平均点（2019 年）：アジア諸国

ば2時間とすると、120分を6で割ったら20分、アメリカの大学1年生の6割は1日2時間予習復習で勉強しているのに対し、日本の大学生の6割は1日20分、さらにもう1割はまったく勉強してない。

これは昔からなのです。私は1980年に大学に入学し、事情があって卒業が1986年ですが、私の周りの大学生でも勉強するのは試験前だけという人は結構いました。ほとんど勉強してないけど卒業できたという（笑）、当時、大学はレジャーランドと呼ばれていたわけです。それが今でも、40年間変わらないのです。

表4はTOEFL iBTの国別平均点のデータです。ここではアジアの国々の平均点を私が抜き出したものです。TOEFLというのは英語の試験で、アメリカの大学に留学しよう

と思うとＴＯＥＦＬを受けないといけません。英語４技能、リーディング、リスニング、スピーディング、ライディングの４技能です。満点がそれぞれ30点です。全部で１２０点満点。

このＴＯＥＦＬを実施してるＥＴＳ（教育試験サービス）というところは、国のスコアを比較することを支持しないと言っています。おそらく、今まで長年英語を使っていた国とそうでない国を比較するのはおかしいと言っているのでしょうけど、ただよくよく考えると、アメリカやヨーロッパの大学に留学しようと思う人は、みんなこのＴＯＥＦＬ受けるのです。つまり、留学しようと思う人の英語能力の国別平均点という理解もできると思います。

アジアで一番高い国はシンガポールの98点です。１人当たりＧＤＰで日本を抜いた韓国、台湾、どちらも83点です。日本は72点です。日本はアジアの中で最低に近い。上位のシンガポール、マレーシア、香港が高いのは分かります。イギリスの植民地だったし、英語を使う機会も多い。フィリピンもアメリカが植民地にしていたので英語をよく使う。やっぱり驚くのはオランダの元植民地だったインドネシア、フランスの元植民地だったベトナム、この２か国が86点、84点です。韓国、台湾より高い。彼らは相当努力しています、

ＴＯＥＦＬの平均点で日本が低いのは、私が大学生のころからそうだったのですが、今も全然変わらないです。つまり、長年日本人の英語の能力が低いと言われ続けたのに、何の改善もない。日本と同じ点数はどこだろうかと世界で探してみたら、南スーダンという２０１１年に

独立した、それまで内戦していた国です。

おそらく文科省も問題点には気が付いていたと思います。そうでなければ、首相官邸であのような資料は作りませんから。しかし、今までの様々な政策が効果をもたらさなかったということだと思います。

大学をレジャーランド化させて、英語の能力の状態をずっと放置してきたというのは、すごい問題だと思います。さらに、これも衝撃的なデータですが、パーソルという労働者派遣、人材紹介をする会社がありまして、そこの研究所がアジアの各国・地域にアンケートを出して、あなたが自分の成長目的として行っている勤務以外での学習や自己啓発活動についてお知らせください、というアンケートがあります。[*15]

たとえば皆さん、今回来ていただいたこの公開講座は、自己啓発の「研修セミナー、勉強会などへの参加」という項目に入ると思います。この項目では、14か国・地域の平均は36・19%、要はアジアの方の36・19%はこういう研修とか勉強会に参加している。シンガポールは37%、台湾は31%、韓国は30・3%。しかし、日本は13・6%。

ほかにもいろんな項目があり、語学学習や資格取得のための学習、通信教育、eラーニングや副業兼業とかですね。最後に「特に何もやっていない」という項目があって、日本ダントツに高いのです。46・3%。14か国・地域の平均は13・3%です。これちょっと衝撃的ですよね。もう頭がくらくらしたのですけど、それはそうだよなと。大学で勉強していないのですから、忙しくなった社会人なら、なおさら勉強しないだろうと。

ここまでをまとめますと、日本の大学生は7割が勉強をほとんどしていない。海外留学を希望する日本人の英語のレベルもアジアでは最低の部類なのです。さらに、日本の大人も学んでない。いかに問題が深刻かというのは、よく分かったと思うのですが、なぜこんなことが放置されてきたのか？　その理由は、今までのままで、何もしないのが楽だったからだと思います。

私は武蔵大学でパラレル・ディグリー・プログラム（ＰＤＰ）という、武蔵大学とロンドン大学の学位が取れるプログラムをやっています。これは、すごく教員の負担が重いです。毎週宿題を出したりして、採点して返したりとか、そういうことやっていて、すごい大変です。学生も大変ですけど、教員も大変。その代わり、ロンドン大学の学位が取れた学生はやはり良いところに就職しますし、学力もすごくついてる。

私がＰＤＰを始めたのも、日本の大学生はもったいない、大学でもっと勉強すればいいのにと思ったからです。私は大学院がアメリカだったので、アメリカの大学生が一生懸命勉強しているのは知っていましたし、専門が開発経済学なので、アジアの国々に行っても、大学生は皆よく勉強していますし、それなりの大学に行ってる学生なら英語で議論ができます。しかし、日本はそうではない。

あと、大きな要因だと思うのは、企業が大学入試の偏差値の高い大学生から採用する。そうすると、受験が終わると大学生は勉強しないです。どういうことかというと、良い大学に入った人は、もう俺の人生安泰と思って勉強しない。他方、自分の希望ではないところに入った人は、ああ俺はもうだめだと思って勉強しない。これは個人的な偏見かもしれませんが、親も大学で勉強してないから、大学生は勉強しないものだと思っているので、子どもを注意しない。

このままだと、もう他国と勝負にならないです。こういうことがずっと放置されているということです。レジャーランドの放置がもたらしたものとして、大学で一番学ぶべき「論理的思考」や「クリティカル・シンキング」、日本語でいえば、批判的思考法が身についていない。つまり、相手が言ったことに対して、批判的な見地で再検討してみる、そういう考え方ができない。自分の頭で考えず、他人が言うことを鵜呑みしてしまう。

よくテレビの街頭インタビューで新橋駅前のサラリーマンのおじさんが、「これだけ国の借金あったら、消費税の増税は仕方がないんじゃないか」みたいな発言をしてしまう。これは、ジャーナリストにも責任があると思います。なぜ政府の資産と負債のデータを出して、増税の前にやることがあるじゃないですか？　と指摘しないのか。

国際ＮＧＯの「国境なき記者団」という団体が、「報道の自由度ランキング」を毎年発表していますが、2023年の調査対象の180か国・地域のうち、日本は68位で、主要7か国（G7）の中で最下位だったそうです。この報告書の中で、「ジャーナリストは政府に説明責任を負わせるという役割を十分に発揮できていない」と批判されているそうです。[*16]

それに関係して、「NEWSポストセブン」というサイトの記事「安倍首相　メディア幹部と積極会食し巧妙に操縦、その参加者」（2018年9月6日）で、「安倍首相が社長懇を開くようになって、現場の記者は政権を強く批判すると社長に迷惑を掛けると忖度して記事を書くようになった。それが安倍さんのメディア操縦の巧妙なところです」と書いてあります。[*17]社長懇とは、新聞社や通信社の社長などと首相が会食することらしいのですが、ジャーナリストとしての矜持があれば、総理大臣（批判対象）と食事なんてしないですよね？　仲良く飯食って、会社に帰ってから批判記事は書けませんよね？　ジャーナリストが政府のやっている問題点を指摘しなければ、国民は知るすべがないのですから、どうしようもないです。大体、政府を監視しようと思ってジャーナリストになったのではないのですか？　ということです。

ここで私が一番言いたいことは、この日本の長期停滞を招いた最大の原因は、高等教育の放置ではないかということです。経済学をきちんと勉強した人が記者になって、大手マスコミに入り、きちんと新聞やテレビで政府の誤った経済政策を批判していれば、もっと早く改善策を取ることが可能だったと思います。さらに言えば、政治家の人も大学で経済学をきちんと学んで、役所に説得されるのではなく、逆に説得できるようになっていれば、もっと早く改善策を取ることが可能だったでしょう。

さらにもう一段言えば、大学教員がなぜこのようなレジャーランドを放置してきたか、ということです。期末試験だけやって、毎週宿題を出さないのは楽です。しかし、その結果、国や社会のリーダーを育成できなかったのではないでしょうか？　国や社会のリーダーを育成できてないから、国がどんどんおかしな方向へ行っても修正が効かない。

最後に、では私たちはどうしたらいいのか？　というお話をして終わりたいと思います。先に、高橋洋一さん、萩原博子さん、森永卓郎さんの本の話をしました。あと、小沢一郎さんの旧ｔｗｉｔｔｅｒの話もしました。テレビを観て、新聞を読んでいるだけでは分からないけど、本や旧ｔｗｉｔｔｅｒには重要な情報が転がっているのです。自分で積極的に情報を取りに行って、自分の頭で考えることが必要だと思います。あと、今回の公開講座で、講師の皆さんから本当に重要な情報を得ることができたと思います。ぜひ皆さん、お家に帰って家族の方や、お友達に話してあげてください。そうすることで、世の中は良くなっていくと思います。皆さん、ご清聴ありがとうございました。

【質疑応答を終えて】

いくつもの質問を受けましたが、紙幅の関係で一番私が皆さんに伝えるべきと思ったご質問と私自身の回答をここにご紹介したいと思います。それは、「たしかにバランス・シートで見れば、純負債はGDPの2倍より随分小さいということは分かったけど、それでも債務はあるし、毎年の財政収支は赤字になっている。この問題は放置してもいいのか？」というご質問です。日本の方は本当にまじめですよね。それに対する私の回答は「いまの国民負担率50％でさらなる増税をするのは、あまりに国民の生活を蔑ろにしているのではないでしょうか。国民のためにならない財政支出をチェックして削減し、国民のためになる財政支出に切り替え、景気が良くなるまで債務の削減はしない、というのが良いと思います。日本政府の国債は、その半分近くを日銀が持っているので、そんなに心配しなくても大丈夫です」というものです。

データ出所

図1：Penn World Table　https://www.rug.nl/ggdc/productivity/pwt/?lang=en

図２：厚生労働省　https://www.mhlw.go.jp/toukei/saikin/hw/k-tyosa/k-tyosa21/dl/03.pdf
https://www.mhlw.go.jp/www1/toukei/ksk/htm/ksk021.html
表１：「昭和という「レガシー」を引きずった平成30年間の経済停滞を振り返る」、『週刊ダイヤモンド』、
２０１８年8月17日掲載　https://dw.diamond.ne.jp/articles/-/24295
図３：財務省　https://www.mof.go.jp/tax_policy/summary/condition/a03.htm
図４：財務省　https://www.mof.go.jp/policy/budget/topics/futanritsu/sy202302a.pdf
図５：財務省　https://www.mof.go.jp/policy/budget/fiscal_condition/basic_data/202004/sy202004c.html
図６：日本銀行　https://www.stat-search.boj.or.jp/ssi/mtshtml/md01_m_1.html
図７：日本銀行　https://www.boj.or.jp/research/research_data/cpi/index.htm
図８：日本銀行　https://www.stat-search.boj.or.jp/ssi/mtshtml/ir01_m_1.html
図９：日本銀行　https://www.stat.go.jp/data/kakei/sokuhou/tsuki/index.html#nen
図10：財務省　https://www.mof.go.jp/tax_policy/summary/condition/007.pdf
図11　財務省　「法人企業統計年報（令和３年度）」、『財政金融統計月報』８４６号
https://www.mof.go.jp/pri/publication/zaikin_geppo/hyou/g846/846.html
表３：首相官邸「人づくり革命　基本構想　参考資料」、平成30年6月、17頁
（データ元）東京大学大学経営・政策研究センター（ＣＲＵＭＰ）『全国大学生調査』２００７年、調査

参加１２７大学の学部生のうち１年生（８５２９人）が対象。米国インディアナ大学ＮＳＳＥ（The National Survey of Student Engagement）Annual Report 2007、調査参加６１０大学の学部生のうち１年生（13・5万人）が対象。

表４：TOEFL iBT Test and Score Data Summary 2019,
https://www.ets.org/pdfs/toefl/toefl-ibt-test-score-data-summary-2019.pdf

脚注

＊１　国税庁ＨＰ（https://www.nta.go.jp/taxes/kids/hatten/page16.htm）

＊２　財務省 https://www.mof.go.jp/tax_information/qanda019.html

＊３　日本経済新聞、「森林税、国と地方で『二重取り』24年度から１０００円課税、配分先行も４５０億円未活用」、２０２３年８月７日
https://www.nikkei.com/article/DGKKZO73399450W3A800C2TL5000/

＊４　財務省 https://www.mof.go.jp/tax_policy/summary/corporation/c01.htm#a02

＊５　ＴＢＳ「バイデン大統領日本の防衛費増額へ『日本の指導者を３回説得した』」２０２３年６月22日
https://newsdig.TBS.co.jp/articles/-/556607

＊６　時事コムドットニュース、「過去最大１１４兆３８５２億円　防衛・国債費増、特別枠４・１兆円

――「事項要求」拡大・来年度予算要求」２０２３年９月５日
https://www.jiji.com/jc/article?k=2023090500716&g=eco

＊7 https://twitter.com/ozawa_jimusho/status/1686971726738210816

＊8 財務省　https://www.mof.go.jp/zaisei/index.htm

＊9 財務省 https://www.mof.go.jp/zaisei/financial-structure/financial-structure-03.html

＊10 財務省主計局「令和３年　国の財務書類のポイント（一般会計・特別会計及び「連結」）」令和５年３月、29頁
https://www.mof.go.jp/policy/budget/report/public_finance_fact_sheet/fy2021/point.renketu.pdf

＊11 財務省主計局、「令和元年度「国の財務書類」の骨子（一般会計・特別会計及び「連結」）」、令和３年３月、５頁
https://www.mof.go.jp/policy/budget/report/public_finance_fact_sheet/fy２０１９/kossi.renketu.pdf

＊12 高橋洋一（２０１０）『さらば財務省――政権交代を嗤う官僚たちとの訣別』、講談社＋α文庫

＊13 荻原博子（２０２１）『私たちはなぜこんなに貧しくなったのか』、文藝春秋、森永卓郎（２０２３）『ザイム真理教――それは信者８０００万人の巨大カルト』フォレスト出版

＊14 日本経済新聞、「株高で含み20兆円、日銀のＥＴＦ それでも売らないワケ」２０２３年６月10日
https://www.nikkei.com/article/DGXZQOCD07AWS0X00C23A6000000/

＊15　パーソル総合研究所「ＡＰＡＣの就業実態・成長意識調査（２０１９年）」
https://rc.persol-group.co.jp/news/201908270001.html

＊16　朝日新聞「『報道の自由度』日本は68位、Ｇ７で最下位中国がワースト2位に」２０２３年5月３日
https://www.asahi.com/articles/ASR5366JR53UHBI00W.html?fbclid=IwAR2asHhL2AIqtqz1F8zuZCIF_17c3kQNThsuYLmbgr_gfm1uUoCen-MbrhM

＊17　ＮＥＷＳポストセブン「安倍首相　メディア幹部と積極会食し巧妙に操縦、その参加者」https://www.news-postseven.com/archives/20180906_752998.html?DETAIL

あとがき

東郷　賢

皆様、講演録を最後までお読みいただき、誠にありがとうございました。もともと企画した段階で、私自身がお話を聞いてみたいと思う方々にお願いしたので、私はすべての回に参加しました。大変勉強になりました。きっと皆様も同じ感想を持っていらっしゃるのではないかと思います。

４回の講演内容のまとめと、つながりについて、私なりに考えてみたいと思います。第１回「テレビメディアが危ない～市民のためのジャーナリズムを求めて～」において、永田浩三さんは「何がＮＨＫのジャーナリズムの崩壊を招いたのか？」という問いに対し、ＮＨＫの慰安婦問題番組に対する政治の介入について、朝日新聞がスクープを出したのに、ＮＨＫの経営者が政治に「忖度」し、逆に朝日を非難したことが大きな契機であったとお話しされていたと思います。そもそも公共放送の経営者は、国民に資する情報提供を行うべきで、政治家に対しての批判を恐れてはいけないはずです。しかし、忖度してしまった。なぜ、そうしたのでしょうか？　国民から受信料を徴収して運営している公共放送局ＮＨＫの経営者という立場にありながら、日本をリードしていく一員としての自覚と責任感がなかったのではないでしょうか？

第２回「カルトの政界工作〜メディアの責任を問う」では、鈴木エイトさんが長年たった一人で統一教会を取材してきた経緯をお話しされています。たまたま、元首相が暗殺されたことで、統一教会の問題が明るみに出ましたが、そうでなければ鈴木さんの長年の苦労は報われることはなかったかもしれません。そうであれば、被害者の救済も進まなかったでしょう。考えれば考えるほど、恐ろしいことです。しかし、よく考えると、おそらく大手新聞社やテレビ局の中にいるジャーナリストと呼ばれる人の間では、その存在や問題は広く認識されていたと思います。しかし、「恐れ」なのか「忖度」なのか、彼らは取材・報道しなかった。何のために彼らは「ジャーナリスト」になったのでしょうか？　世の中の不正や問題を指摘するために「ジャーナリスト」になりたかったのではないのでしょうか？　ジャーナリストも日本をリードしていく一員だと思います。「ペンの力」によって、悪政を正し、一般市民が住みやすい世の中に導いていくことができたはずです。ジャーナリストの理想よりも己の収入の方が勝ってしまったのでしょうか？

第３回「人権の不在　出入国管理の闇」では、阿部浩己さんが外国人登録法や出入国管理および難民認定法の歴史とともに、その考え方をわかりやすく解説してくれました。その中で

（外国人は）「煮て食おうが焼いて食おうが自由」というフレーズが出てきます。私は、この言葉を聞いた時に、大変ショックを受けたと同時に、ああそういう考えはまだ生きているんだろうな、そうでなければウィシュマさんの事件のような酷いことは起こらないはずだと確信したわけです。世界では1980年代以降、国際人権法が広がっていったのに、日本国内ではこの流れは無視されていると言っていいでしょう。つまり、日本の中において、日本人であれ、外国人であれ、同じ人間としての権利を守るという考え方は、共有されていないと思うのです。そうでなければ、「入管法改正案」が2023年6月に成立するということはなかったでしょうから。なぜ「同じ人間」という意識が共有されないのでしょうか？　人は生まれる場所、両親を選べないにもかかわらず、差別して平気という意識が存在する。これは「教育」の問題だと思います。小学校から「人権」の意識を育んでいかないから、「いじめ」も撲滅できないし、「出自」による差別もなくならないのでしょう。

第4回「羅針盤なき経済政策」では、誤った短期の経済政策（特に財政政策）が実施されてきたことを紹介するとともに、大学のレジャーランド状態を長年放置してきた「高等教育」機関の責任も指摘しました。私自身はこの「高等教育」の問題が、日本の最も重要な問題であると考えています。

NHKの経営者の問題も、統一教会の取材をしてこなかった大手メディアに所属するジャーナリストの問題も、つまるところ彼らには日本社会を背負って立つ「リーダー」や「エリート」としての自覚や責任感がなかったのだと思います。彼らは一流の大学を出て、自ら望んだ地位にたどり着き、日本社会を良くする「力（パワー）」があったにもかかわらず、それを行使しなかった。それは、世の中の「リーダー」あるいは「エリート」としての教育が、「高等教育」の場においてなされなかったことに原因があるのではないでしょうか？

経済官僚や政治家が基本的な経済政策を理解せず、長年の経済停滞を放置してきたことも原因は同じでしょう。さらに、「人権」という最も重要な人間の権利を蔑ろにして、平気でいる、その「教養」のレベルも「高等教育」が機能してこなかった結果ではないでしょうか？

日本の高校生の知識や学力は世界的に見てかなり高い水準にあります。そんな彼らの多くが大学に入ると勉強をやめてしまう。それが半世紀近くも続いて、日本の社会が劣化したのではないでしょうか？「高等教育」の立て直しは急務のことだと思います。

すでに社会に出ている人でもできることはたくさんあると思います。健全な懐疑主義を持ち、人の話を鵜呑みにせず、自分で情報を集め、自分の頭で考え、行動する。それだけでも社会は随分と良くなるのではないでしょうか？幸いにもＸ（旧Ｔｗｉｔｔｅｒ）など、ＳＮＳの発達によって、ＴＶや大手新聞に頼らなくても、様々な価値ある情報が手に入る時代になっています。健全な世の中を築くインフラは以前よりも利用しやすくなっていると思います。あと

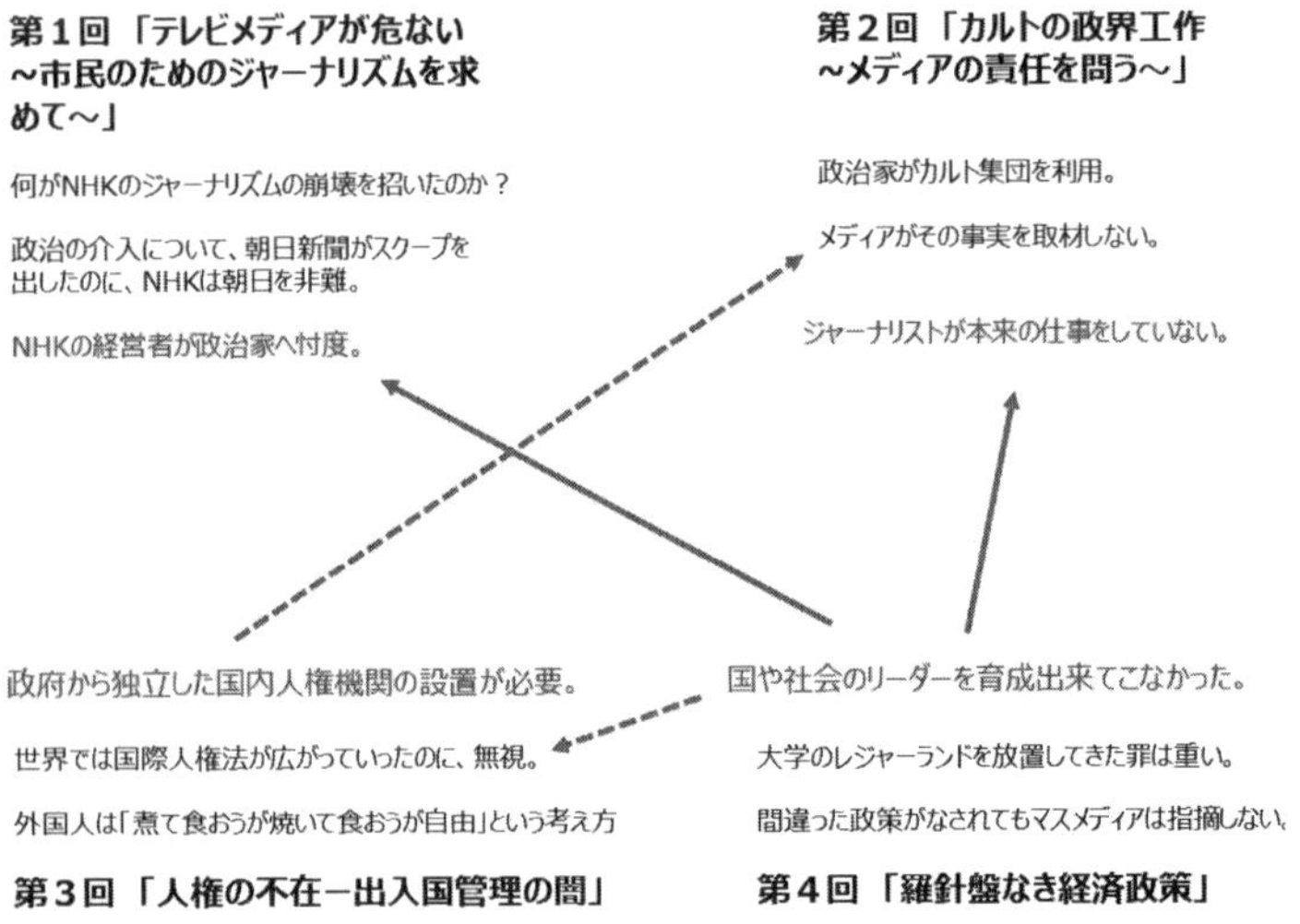
第１回 「テレビメディアが危ない
~市民のためのジャーナリズムを求
めて~」
何がNHKのジャーナリズムの崩壊を招いたのか？
政治の介入について、朝日新聞がスクープを
出したのに、NHKは朝日を非難。
NHKの経営者が政治家へ忖度。
第２回 「カルトの政界工作
~メディアの責任を問う~」
政治家がカルト集団を利用。
メディアがその事実を取材しない。
ジャーナリストが本来の仕事をしていない。
政府から独立した国内人権機関の設置が必要。
世界では国際人権法が広がっていったのに、無視。
外国人は「煮て食おうが焼いて食おうが自由」という考え方
第３回 「人権の不在ー出入国管理の闇」
国や社会のリーダーを育成出来てこなかった。
大学のレジャーランドを放置してきた罪は重い。
間違った政策がなされてもマスメディアは指摘しない。
第４回 「羅針盤なき経済政策」

は、我々自身が「行動」するだけです。本屋に行って、良さそうな本を買って読んでみる。家族で政治の話をしてみる。友達と世の中の話をしてみる。政治家のタウン・ミーティングに出かけていって質問する。大学の公開講座に参加してみる。選挙に行く。できることはたくさんあると思います。

実は有名な鈴木さんの講演会の時は、いろいろと大変でした。その状況は弁護士ドットコムニュースさんが、「鈴木エイト氏の大学講演会、統一教会側の抗議に屈せず開催　武蔵大は毅然と対応」という記事にしてくれました。[*1]

その時に実感したのが、世の中における「大学の存在意義」や「学の独立」ということです。もちろん、学生さんに教育を提供することが大学の最重要事項ですが、それと同時に教員

は研究をし、研究成果を社会に還元することも重要だと思います。大学の中で自由な議論ができるからこそ、人々が様々な学びができるはずです。大学自身がその「自由」を自ら手放してはいけないと思います。また、大学が学びの場を提供するべきなのは、学生さんに限らないでしょう。一般の市民の方々にも開かれた大学であってこそ、その存在価値があるのではないでしょうか?

実は、今回の講演会は様々な方々のご好意によって実現しました。永田さんは武蔵大学の同僚ですが、学部が違うのでそんなにお話しする機会はありませんでした。しかし、この企画を構想中にたまたま大学の近くのおいしいお蕎麦屋さんで隣り合わせになることがあり、ダメもとでお願いしてみたところ、ご快諾いただきました。また、鈴木さんとは実は10年以上の「サッカー友達（対戦相手）」だったこともあり、TVや講演会でお忙しい中、快く講演をお引き受けいただきました。阿部先生は、それまでは一度もお会いしたことがなかったのに、阿部先生の講演会を聞いて感激した方が、Xでその内容をあげていて、私がそれを読み、「ぜひ阿部先生にお願いしたい」と直接メールを差し上げたら、講演を快諾して下さいました。また、本書も、あけび書房の岡林さんが引き受けていただいて、世の中に出ることになりました。本当に、皆様に感謝いたしております。

最後に、このことだけでも今回の公開講座をやって良かったと思えた話をさせていただきたいと思います。阿部先生の講演会が終わった後に、多くの方々が質問にいらっしゃいました。阿部先生はとても親切な方で、それぞれの方に時間をとってお答えになっていました。ふと見ると、最後尾に一人の女性がずっと待っています。私は申し訳ないなと思い、話しかけたのです。そうすると彼女は、「電車の広告でこの公開講座のことを知って来ました。実は、私は在留資格で日本に滞在しているので、ぜひ、阿部先生のお話が聞きたかったのです」とおっしゃったのです。その女性は、阿部先生にいろいろと相談されてから、「来てよかったです。希望が持てました」と帰られました。日本の中で3年あるいは5年ごとに在留資格を更新しながら生活することは、どんなに不安なことでしょう。今回の公開講座が彼女に希望を与えたのであれば、本当にやって良かったと思います。

それと同時に、今回取り上げた「現代ニッポンの大問題」を、私たちが「私たちの手」で解決できるようにと切に願っていますし、行動していきたいと思います。議論しているだけでは、何も変わりませんから。皆様もご一緒に「行動」しませんか？

脚注

＊1　弁護士ドットコムニュース　https://www.bengo4.com/c_18/n_16535/

阿部 浩己（あべ こうき）
1958年伊豆大島生まれ。明治学院大学国際学部教授。神奈川大学名誉教授。専攻は国際法・国際人権法。博士（法学）。国際人権法学会理事長・日本平和学会会長・川崎市人権施策推進協議会会長・法務省難民審査参与員などを歴任。

鈴木 エイト（すずき えいと）
1968年滋賀県生まれ。日本大学卒業。2009年創刊のニュースサイト『やや日刊カルト新聞』で副代表、主筆を歴任する。カルト問題、そして2世問題などを精力的に取材し、統一教会に鋭く斬り込む最前線のジャーナリストとして活躍する。

東郷 賢（とうごう けん）
1961年生まれ。早稲田大学政治経済学部卒、イェール大学大学院より経済学博士号取得。現在、武蔵大学教授。専攻は開発経済学。編著に『模倣型経済の躍進と足ぶみ―戦後の日本経済を振り返る―』（ナカニシヤ出版社、2010年）

永田 浩三（ながた こうぞう）
1954年大阪府生まれ。武蔵大学教授。2009年までNHKのディレクター、プロデューサーとして教養・ドキュメンタリー番組を制作。「表現の不自由展」共同代表。著書に『ヒロシマを伝える』『奄美の奇跡』（WAVE出版）、『ベン・シャーンを追いかけて』（大月書店）等。

現代ニッポンの大問題　メディア、カルト、人権、経済

2024年2月8日　初版1刷発行
著　者 — 阿部浩己、鈴木エイト、東郷賢、永田浩三
発行者 — 岡林信一
発行所 — あけび書房株式会社
〒167-0054　東京都杉並区松庵3-39-13-103
☎ 03. 5888. 4142　FAX 03. 5888. 4448
info@akebishobo.com　https://akebishobo.com
印刷・製本／モリモト印刷
ISBN978-4-87154-256-2　c3036